Legislación
práctica
para editoriales

Pablo Navarro Roncal

© Pablo Navarro Roncal

© Derechos de edición:
Nau Llibres
Periodista Badía 10. 46010 Valencia. Tel.: 96 360 33 36
E-mail: nau@naullibres.com - web: www.naullibres.com

Diseño de portada e interiores: Ilustración de cubierta:
Artes Digitales Nau Llibres   @alexskopje

Imágenes e ilustraciones:
@alexskopje

Imprime:
Podiprint. Impreso en España. Printed in Spain.

ISBN13: 978-84-19755-54-4

Depósito Legal: V- 4369 - 2024

Aprender sin reflexionar
es malgastar energía
Confucio

Índice

Capítulo 1:

Introducción a la propiedad intelectual

1.1. Concepto y origen de la propiedad intelectual

Definición general

La propiedad intelectual es un concepto legal que protege las creaciones del intelecto humano. Imaginemos, por ejemplo, una novela, una ilustración, un invento o una marca comercial. Todas estas creaciones son fruto de la creatividad, el conocimiento y el esfuerzo de una persona o equipo. La propiedad intelectual se encarga de garantizar que los creadores de estas obras tengan derechos sobre ellas, ya que es justo que quienes crean algo valioso, único o innovador puedan decidir cómo se usa, cómo se distribuye y cómo se reconoce.

En general, la propiedad intelectual abarca:

- **Obras artísticas y literarias**, como libros, pinturas, música, esculturas y cine.

- **Obras científicas y técnicas**, como investigaciones, patentes de inventos y desarrollos tecnológicos.
- **Obras comerciales**, como marcas y nombres de productos que representan una identidad única en el mercado.

La propiedad intelectual garantiza que las personas puedan proteger estas creaciones de terceros que quieran usarlas sin permiso y asegura que los creadores obtengan el reconocimiento y, si es aplicable, beneficios económicos por sus trabajos.

1.1.1. Historia y evolución

El concepto de propiedad intelectual ha evolucionado a lo largo de los siglos. Durante el Renacimiento, en Europa, comenzaron a surgir las primeras formas de protección legal para inventos y creaciones artísticas. Fue en este período cuando se empezaron a otorgar permisos especiales, llamados patentes, para dar a los inventores el derecho exclusivo de explotar sus creaciones durante un tiempo. De esta forma, se incentivaba la innovación, ya que los creadores sabían que sus esfuerzos serían recompensados.

Con el desarrollo de la imprenta y la expansión de la publicación de libros, surgió la necesidad de proteger las obras literarias. Un hito fundamental fue el **Statute of Anne o Estatuto de la Reina Ana**, promulgado en **1710 en el Reino Unido**. Esta ley es considerada la primera legislación moderna de derechos de autor, otorgando a los autores un derecho exclusivo para reproducir y distribuir sus obras por un tiempo limitado, inicialmente 14 años prorrogables por otros 14 si el autor seguía vivo. El objetivo principal de esta normativa era equilibrar los intereses de los autores y el acceso público al conocimiento, sentando las bases de las leyes de derechos de autor actuales.

En el siglo XVIII, otros países comenzaron a implementar leyes específicas de derechos de autor para proteger a escritores y editores. Uno de los hitos más importantes fue el **Convenio de Berna (1886)**, un tratado internacional que unificó las reglas para proteger los derechos de autor en diferentes países, facilitando así que las obras de los creadores estuvieran protegidas fuera de sus países de origen.

Con el tiempo, la propiedad intelectual se fue adaptando a nuevas formas de creación y distribución, como el cine, la música grabada y, más recientemente, las obras digitales. Actualmente, organismos internacionales, como la **Organización Mundial de la Propiedad Intelectual (OMPI)**, promueven la colaboración entre países para asegurar la protección de los derechos de autor y la propiedad intelectual en todo el mundo.

1.1.2. Por qué es importante en el sector editorial

Para quienes trabajan en el sector editorial, la propiedad intelectual es fundamental, ya que el trabajo diario gira en torno a la creación, producción y distribución de obras protegidas. Los editores, escritores, diseñadores, ilustradores y otros profesionales colaboran constantemente en la creación de libros, revistas y contenido digital. Sin la protección de la propiedad intelectual, cualquiera podría reproducir o modificar sus obras sin autorización, lo cual sería injusto y perjudicial para los creadores.

Además, la propiedad intelectual no solo protege las obras, sino que también regula su uso mediante **contratos de cesión de derechos**, **licencias de uso** y **acuerdos de coedición**, permitiendo que el trabajo editorial se realice de manera justa y respetuosa. Por ejemplo, cuando una editorial desea publicar un libro escrito por un autor, debe firmar un contrato en el que se aclaran los términos de uso de esa obra, como los derechos de reproducción, la remuneración del autor y el tiempo durante el cual la editorial puede explotar la obra.

En resumen, la propiedad intelectual es una herramienta esencial que permite a los profesionales del sector editorial trabajar de manera ordenada y garantizar que los derechos de los creadores sean respetados. Esto fomenta un ambiente donde la creatividad y la innovación son recompensadas, y donde los lectores pueden disfrutar de obras de calidad, producidas y distribuidas de manera ética y profesional.

1.1.3. Diferencia entre propiedad intelectual y derecho de autor

Aunque "propiedad intelectual" y "derecho de autor" son términos relacionados, no son exactamente lo mismo. La **propiedad intelectual** es un concepto amplio que abarca varias formas de protección de las creaciones del intelecto, mientras que el **derecho de autor** es solo una de las partes de la propiedad intelectual. Veamos esto en detalle:

- **Propiedad intelectual**: Este término se refiere al conjunto de derechos que protegen todas las creaciones intelectuales, que pueden ser artísticas, científicas, técnicas o comerciales. La propiedad intelectual se divide en dos grandes áreas:
  - **Derecho de Autor**: Protege las obras literarias y artísticas (como libros, música, películas, software, esculturas, etc.) y garantiza que los autores tengan el control sobre la reproducción, distribución y modificación de sus obras. Como una categoría

dentro de la propiedad intelectual, el derecho de autor se centra exclusivamente en la protección de obras originales de naturaleza artística, literaria o científica.

- **Propiedad Industrial**: Incluye derechos relacionados con las creaciones que tienen una aplicación comercial y técnica. Aquí se encuentran las **patentes** (para inventos), **marcas** (para identificar productos o servicios), **diseños industriales** (apariencia estética de un producto) y **modelos de utilidad** (para mejoras técnicas en productos).

Ejemplo: Si imaginamos una novela, la **propiedad intelectual** incluye la protección de la novela misma como una obra literaria (mediante el derecho de autor), pero también podría incluir la **marca registrada** de la editorial, o una **patente** si la editorial ha desarrollado un proceso técnico nuevo para imprimir libros. En este caso, la novela en sí estaría protegida por el derecho de autor, mientras que los otros elementos quedarían bajo otras formas de la propiedad intelectual.

1.1.4. Resumen de ideas clave

- **Propiedad intelectual**: Conjunto de derechos que incluyen tanto derechos de autor como propiedad industrial.
- **Derecho de autor**: Parte de la propiedad intelectual que protege obras literarias y artísticas, asegurando tanto los beneficios económicos como el reconocimiento moral de los autores.

Esta diferenciación es fundamental en el sector editorial, ya que cada tipo de derecho establece protecciones y responsabilidades específicas para autores, editores y otros profesionales.

1.2. Clasificación de la propiedad intelectual

La propiedad intelectual se clasifica en diferentes categorías que abarcan la protección de obras, invenciones, signos distintivos y secretos empresariales. Cada una de estas categorías cumple un rol esencial en el desarrollo, protección y explotación de las creaciones humanas. A continuación, analizaremos las principales clasificaciones.

1.2.1. Derechos de autor y derechos conexos

Derechos de autor

Los **derechos de autor** protegen las creaciones originales de carácter artístico, literario o científico, garantizando que los autores tengan control sobre el uso de sus obras y puedan obtener reconocimiento y beneficios económicos. Estas obras pueden incluir:

- Obras literarias (novelas, cuentos, ensayos, poemas).
- Obras artísticas (pinturas, esculturas, fotografías).
- Obras audiovisuales (cine, series, documentales).
- Obras científicas y técnicas (investigaciones, software).
- Obras musicales (composiciones, letras de canciones).

La protección de los derechos de autor se divide en dos tipos:

- **Derechos patrimoniales**: Permiten al autor explotar económicamente su obra, a través de su reproducción, distribución, transformación y comunicación pública.

- **Derechos morales**: Garantizan la relación personal entre el autor y su obra, como el reconocimiento de la autoría y el respeto a la integridad de la obra.

La importancia de los derechos de autor radica en que protegen a los creadores del uso no autorizado de sus obras y fomentan la creatividad e innovación al asegurar que los autores reciban un beneficio justo por su trabajo.

Derechos conexos

Los **derechos conexos** se otorgan a quienes, sin ser los autores, colaboran en la difusión o explotación de las obras. Estos derechos incluyen:

- **Intérpretes y ejecutantes**: Actores, músicos y bailarines que realizan interpretaciones o ejecuciones de obras protegidas.
- **Productores de fonogramas**: Empresas que graban y producen obras musicales.
- **Organismos de radiodifusión**: Compañías que retransmiten obras protegidas al público, ya sea a través de radio, televisión o plataformas digitales.

Estos derechos aseguran que los colaboradores también sean reconocidos y puedan controlar el uso de sus contribuciones, complementando los derechos del autor original.

1.2.2. Propiedad industrial

Marcas

Una **marca** es un signo distintivo que permite a los consumidores identificar productos o servicios en el mercado y diferenciarlos de los de la competencia. En el ámbito editorial, las marcas pueden incluir:

- El nombre de una editorial (por ejemplo, Penguin Random House).
- Logotipos que representan a una empresa o línea editorial.
- Nombres de colecciones o series (por ejemplo, "Clásicos Ilustrados").

La protección de una marca garantiza que solo su titular pueda usarla en el mercado, evitando confusiones y fortaleciendo la identidad de la empresa.

Patentes y modelos de utilidad

Las **patentes** protegen invenciones técnicas que sean novedosas, útiles y aplicables industrialmente, mientras que los **modelos de utilidad** protegen mejoras técnicas menores en productos existentes. Aunque estas categorías no son tan comunes en el sector editorial, podrían aplicarse en:

- Innovaciones tecnológicas para la impresión de libros.
- Dispositivos específicos para la lectura, como e-readers.
- Métodos avanzados de encuadernación o diseño gráfico.

Estas protecciones fomentan la innovación tecnológica al otorgar exclusividad al inventor durante un periodo de tiempo.

Diseños industriales

Los **diseños industriales** protegen la apariencia estética de un producto, lo que incluye formas, patrones y colores.

En el contexto editorial, los diseños industriales pueden ser relevantes en:

- Portadas de libros con características únicas.
- Diseño de ediciones especiales o limitadas.
- Elementos gráficos que diferencien un producto en el mercado.

Proteger estos diseños asegura que otros no puedan copiar la estética de un producto, lo que refuerza la identidad visual de una editorial.

Denominaciones de origen

Las **denominaciones de origen** identifican productos que tienen una calidad o características únicas debido a su origen geográfico. Aunque este concepto no es común en la industria editorial, puede servir de referencia cuando una editorial desee destacar un producto relacionado con una región, como guías locales o libros sobre tradiciones específicas.

1.3. Los derechos patrimoniales y morales

La protección de las obras mediante los derechos de autor se divide en dos grandes categorías: los derechos patrimoniales y los derechos morales. Mientras que los derechos patrimoniales están relacionados con la explotación económica de una obra, los derechos morales protegen el vínculo personal entre el autor y su creación. A continuación, analizaremos estas dos dimensiones fundamentales.

1.3.1. Derechos patrimoniales

Los derechos patrimoniales otorgan al autor la capacidad de controlar y obtener beneficios económicos por el uso de su obra. Esto incluye el derecho exclusivo de autorizar o prohibir las siguientes actividades:

- **Reproducción**: La creación de copias de la obra en cualquier formato, como libros impresos, e-books, CD o DVD.
- **Distribución**: La venta o cesión de ejemplares de la obra al público.
- **Comunicación pública**: Hacer la obra accesible al público, por ejemplo, a través de internet, presentaciones en teatros, o transmisiones televisivas.
- **Transformación**: Crear obras derivadas, como adaptaciones cinematográficas, traducciones o versiones resumidas.

Ejemplo: Un escritor vende los derechos de reproducción y distribución de su novela a una editorial. Esto permite a la editorial imprimir copias y venderlas en librerías físicas y en línea. Sin embargo, si se desea convertir la novela en una película, sería necesario adquirir también los derechos de transformación.

1.3.2. Duración de los derechos patrimoniales

En España, la duración de los derechos patrimoniales está regulada por la **Ley de Propiedad Intelectual** y varía según el tipo de obra:

- **Obras originales**: Los derechos patrimoniales duran toda la vida del autor y se extienden durante 70 años después de su fallecimiento. Este plazo permite que los herederos del autor disfruten de los beneficios económicos durante varias décadas.

• **Obras en colaboración**: Si una obra tiene varios autores (como un libro con varios capítulos escritos por distintos autores), el plazo de 70 años comienza a contar desde la muerte del último coautor.

• **Obras anónimas o seudónimas**: En este caso, los derechos duran 70 años desde la primera publicación, salvo que el autor revele su identidad antes de que expire el plazo.

Después de este periodo, la obra pasa al **dominio público**, lo que significa que puede ser utilizada libremente por cualquier persona sin necesidad de autorización ni pago.

1.3.3. Derechos morales

Los derechos morales protegen la relación personal entre el autor y su obra, garantizando que la creación sea tratada con el respeto y la integridad que merece. Estos derechos incluyen:

• **Derecho de paternidad**: El autor tiene el derecho de ser reconocido como creador de la obra. Por ejemplo, su nombre debe aparecer en la portada de un libro o en los créditos de una película basada en su obra.

• **Derecho a la integridad**: El autor puede oponerse a cualquier modificación, distorsión o alteración de la obra que perjudique su reputación o su mensaje original. Por ejemplo, un pintor puede impedir que se modifique una de sus obras para adaptarla a un anuncio publicitario.

- **Derecho de divulgación**: El autor tiene la libertad de decidir si desea o no publicar su obra y bajo qué condiciones. Si decide no divulgarla, nadie puede obligarle a hacerlo.
- **Derecho de retiro**: En ciertas condiciones, el autor puede retirar su obra del mercado si considera que ya no representa sus ideales o valores. Sin embargo, si la obra ya está en circulación, el autor debe indemnizar a quienes hayan invertido en su explotación.

Ejemplo: Un autor de poesía se da cuenta de que un editor ha cambiado el orden de los poemas en su libro sin su consentimiento. Puede invocar su derecho moral a la integridad para exigir que se respete la estructura original de la obra.

1.3.4. Resumen de ideas clave

Los derechos patrimoniales y morales son fundamentales para proteger tanto los intereses económicos como la relación personal de los autores con sus obras. Mientras que los derechos patrimoniales garantizan una compensación justa por el uso de las obras, los derechos morales aseguran que los creadores sean respetados y reconocidos. En conjunto, ambos tipos de derechos promueven un entorno creativo justo y equilibrado, esencial para el desarrollo cultural y artístico.

I.4. Principios básicos de la propiedad intelectual en el contexto editorial

La propiedad intelectual se basa en principios fundamentales que aseguran un equilibrio entre los derechos de los autores y los intereses de la sociedad. En el ámbito editorial, estos principios guían la creación, protección y uso de obras literarias y artísticas. A continuación, analizaremos los tres principios más relevantes para la industria editorial: originalidad, territorialidad y temporalidad.

I.4.I. Principio de originalidad

El principio de originalidad establece que, para ser protegida por los derechos de autor, una obra debe ser **original**. Esto significa que debe ser el resultado del esfuerzo creativo personal del autor y no una simple copia o réplica de algo ya existente.

En el contexto editorial, este principio se aplica a:

- **Textos**: Un ensayo, novela o poema debe ser fruto del pensamiento único del autor.
- **Ilustraciones**: El diseño gráfico o las ilustraciones para un libro deben tener elementos que reflejen creatividad y no sean meras reproducciones de otras obras.
- **Diseño editorial**: El formato y la estructura de una publicación, si son innovadores, también pueden ser considerados originales.

Cómo se determina la originalidad

- **Aportación creativa**: La obra debe reflejar una mínima contribución del autor, aunque no se exija un nivel elevado de creatividad.
- **Independencia**: No debe derivar exclusivamente de otra obra preexistente sin autorización.

Ejemplo: Un autor escribe una novela inspirada en un evento histórico real. Aunque la historia está basada en hechos conocidos, su interpretación, personajes y narrativa son originales, por lo que está protegida por los derechos de autor.

I.4.2. Principio de territorialidad

El principio de territorialidad establece que los derechos de propiedad intelectual se aplican de acuerdo con la legislación del país donde se busca su protección. Esto significa que las leyes de un país no tienen efecto fuera de sus fronteras, salvo que existan acuerdos o tratados internacionales.

En el contexto editorial, este principio afecta:

- **Edición internacional**: Una editorial que quiera distribuir un libro en varios países debe asegurarse de que los derechos de autor estén protegidos en cada territorio.
- **Traducciones y adaptaciones**: Si una obra se traduce a otro idioma o se adapta para otro mercado, es necesario considerar las leyes locales de derechos de autor.
- **Tratados internacionales**: Convenios como el **Convenio de Berna** garantizan una protección mínima en los países firmantes, facilitando la explotación de las obras a nivel global.

Ejemplo: Un escritor español publica su libro en Argentina. Aunque ambos países están cubiertos por el Convenio de Berna, las regalías, el registro de la obra y otros aspectos están sujetos a las leyes argentinas mientras el libro se comercialice en ese país.

I.4.3. Principio de temporalidad

El principio de temporalidad establece que los derechos patrimoniales tienen una duración limitada, después de la cual la obra pasa al **dominio público** y puede ser utilizada libremente. Sin embargo, los derechos morales no expiran, lo que asegura el respeto a la paternidad y la integridad de la obra.

En el ámbito editorial, este principio tiene implicaciones importantes:

- **Explotación comercial**: Durante el período en que los derechos patrimoniales están vigentes, el autor o sus herederos tienen control sobre la explotación económica de la obra.

- **Dominio público**: Una vez que los derechos patrimoniales expiran, cualquier persona puede reproducir, distribuir o adaptar la obra sin necesidad de autorización, siempre respetando los derechos morales.

Ejemplo: Una editorial decide publicar una nueva edición de un clásico de la literatura como Don Quijote de la Mancha, que ya está en dominio público. Aunque no necesitan permiso para reproducir la obra, deben respetar los derechos morales, asegurándose de reconocer a Miguel de Cervantes como el autor original.

I.4.4. Resumen de ideas clave

Los principios de originalidad, territorialidad y temporalidad son esenciales para entender cómo se gestionan los derechos de autor en el contexto editorial. Estos principios garantizan que las obras sean reconocidas y protegidas en todo el mundo, estableciendo un marco claro para su explotación y uso, y fomentando un entorno equilibrado entre los intereses de los creadores y el acceso de la sociedad a las obras.

I.5. Organismos y tratados internacionales sobre propiedad intelectual

La protección de la propiedad intelectual requiere una colaboración entre organismos nacionales e internacionales, así como la existencia de tratados que armonicen las legislaciones de diferentes países. Veamos las instituciones clave y los acuerdos más importantes que rigen la propiedad intelectual en el ámbito editorial y más allá.

I.5.I. Organismos nacionales e internacionales

España: Oficina Española de Patentes y Marcas (OEPM)

La **OEPM** es el organismo nacional encargado de gestionar y proteger los derechos de propiedad industrial en España, como patentes, marcas, diseños industriales y modelos de utilidad. Aunque su ámbito principal es la propiedad industrial, juega un papel importante en el sector editorial en áreas como:

- **Registro de marcas**: Por ejemplo, para registrar el nombre de una editorial o una colección de libros.
- **Patentes técnicas**: Relacionadas con innovaciones tecnológicas en la impresión o distribución de libros.
- **Diseños industriales**: Aplicables a ediciones especiales de libros o materiales publicitarios.

Importancia para el sector editorial: Si una editorial desea proteger su marca o un diseño único, debe acudir a la OEPM para asegurarse de que nadie más pueda utilizarlos en España.

OMPI (Organización Mundial de la Propiedad Intelectual)

La **OMPI** es un organismo especializado de las Naciones Unidas, con sede en Ginebra, dedicado a promover y proteger la propiedad intelectual en todo el mundo. Sus principales funciones incluyen:

- **Armonización de leyes internacionales**: A través de tratados y acuerdos que aseguran un marco común para proteger los derechos de autor y la propiedad industrial en los países miembros.
- **Resolución de disputas**: Ofrece mecanismos para resolver conflictos internacionales relacionados con la propiedad intelectual.
- **Promoción del desarrollo y la innovación**: Facilita el acceso a herramientas y recursos que fomentan la creatividad y el respeto por los derechos de los creadores.

Impacto global: La OMPI es esencial para garantizar que los derechos de autor de una obra publicada en un país sean reconocidos y protegidos en otros países. Esto es particularmente importante para editoriales que operan en mercados internacionales.

I.5.2. Principales tratados internacionales

Convenio de Berna

Adoptado en 1886, el **Convenio de Berna** es uno de los acuerdos internacionales más antiguos y relevantes en materia de derechos de autor. Su objetivo es garantizar la protección de las obras literarias y artísticas en todos los países firmantes.

Puntos clave del Convenio:

- **Protección automática**: Una obra creada en un país miembro está protegida automáticamente en todos los demás países miembros, sin necesidad de registro adicional.
- **Duración mínima de los derechos**: Establece un plazo mínimo de protección de los derechos patrimoniales de 50 años tras la muerte del autor (aunque muchos países, como España, extienden este plazo a 70 años).
- **Reconocimiento de derechos morales**: Resalta la importancia de los derechos morales del autor, como el derecho a la paternidad y a la integridad de la obra.

Ejemplo: Una novela publicada en España por un autor español está protegida automáticamente en Argentina, Francia y Japón (todos ellos miembros del Convenio de Berna).

Acuerdo sobre los Aspectos de los Derechos de Propiedad Intelectual relacionados con el Comercio (ADPIC)

El **ADPIC** es un acuerdo internacional administrado por la Organización Mundial del Comercio (OMC) que establece estándares mínimos de protección para los derechos de propiedad intelectual en el comercio global.

Relevancia del ADPIC:

- **Armonización internacional**: Obliga a los países miembros de la OMC a adoptar leyes nacionales que cumplan con los estándares del acuerdo.

- **Protección en el comercio internacional**: Garantiza que las obras protegidas por derechos de autor sean respetadas en contextos comerciales, como exportación e importación de libros y productos editoriales.

- **Medidas contra la piratería**: Promueve la implementación de normativas que combatan la copia no autorizada y la distribución ilícita de obras protegidas.

Ejemplo: Una editorial española que exporta libros a otros países miembros de la OMC puede confiar en que sus derechos de autor estarán protegidos bajo los estándares del ADPIC.

Tratado de la OMPI sobre derecho de autor (WCT)

Adoptado en 1996, el **WCT** amplía las disposiciones del Convenio de Berna para incluir la protección de obras en el entorno digital. Su relevancia ha crecido con la expansión de internet y la publicación de libros electrónicos.

Aspectos destacados:

- **Obras digitales:** Garantiza que las obras en formato digital, como los e-books, estén protegidas de la misma forma que las obras impresas.
- **Medidas tecnológicas:** Promueve el uso de herramientas como el DRM (Digital Rights Management) para evitar el acceso y la copia no autorizada de obras digitales.

Tratado sobre interpretación o ejecución y fonogramas (WPPT)

El **WPPT**, también adoptado en 1996, protege los derechos de los intérpretes, productores de fonogramas y organismos de radiodifusión. Aunque su enfoque principal no es el sector editorial, tiene implicaciones en áreas como:

- **Audiolibros:** Protege los derechos de los narradores e intérpretes de audiolibros.
- **Producción multimedia:** Cubre obras que combinan elementos literarios y sonoros.

1.5.3. Resumen de ideas clave

La colaboración entre organismos y la existencia de tratados internacionales son fundamentales para garantizar que los derechos de autor y la propiedad intelectual sean respetados en un mundo globalizado. Desde instituciones nacionales como la OEPM hasta tratados como el Convenio de Berna y el ADPIC, estas herramientas aseguran que las creaciones intelectuales sean protegidas y valoradas, fomentando un entorno creativo justo y sostenible.

1.6. Importancia de la propiedad intelectual para los profesionales del sector editorial

La propiedad intelectual es un aspecto central del trabajo editorial. Desde la creación de contenidos hasta su publicación y distribución, los derechos de autor y otros aspectos legales son fundamentales para proteger a los creadores y garantizar un proceso editorial ético y eficiente. Este apartado detalla cómo impacta la propiedad intelectual en los diferentes roles dentro del sector editorial.

1.6.1. Para los editores

Los editores son responsables de gestionar los derechos de autor relacionados con las obras que publican. Su trabajo se basa en entender y aplicar la propiedad intelectual en actividades como:

- **Compra y cesión de derechos**:
  - Los editores negocian contratos con autores y titulares de derechos para obtener los permisos necesarios para publicar obras literarias, ilustraciones o contenidos multimedia.
  - La cesión de derechos incluye detalles como el tipo de derecho adquirido (reproducción, distribución, transformación), la duración del contrato y el ámbito territorial.
- **Uso de recursos externos**:
  - Es frecuente que las publicaciones incluyan imágenes, citas textuales o datos de terceros. Los editores deben verificar que el uso de estos

recursos cumpla con las leyes de propiedad intelectual y que se hayan obtenido las licencias necesarias.

- **Gestión de infracciones**:
  - Los editores también deben asegurarse de que las obras publicadas no violen los derechos de otros autores, como incluir textos o imágenes sin autorización.

Ejemplo: Un editor adquiere los derechos de un libro extranjero para traducirlo y distribuirlo en España. Antes de la publicación, negocia con el titular original para definir los términos del contrato, como la exclusividad y la duración del acuerdo.

1.6.2. Para los diseñadores y creativos

Los diseñadores gráficos, ilustradores y otros profesionales creativos trabajan con recursos que están protegidos por la propiedad intelectual, lo que afecta tanto su producción como el uso de elementos externos. Algunos puntos clave son:

- **Creación de obras originales**:
  - Las obras gráficas y multimedia que producen están protegidas por derechos de autor, lo que les permite reclamar autoría y recibir compensación por su trabajo.
- **Uso de materiales de terceros**:
  - Los diseñadores a menudo integran fotografías, fuentes tipográficas o elementos gráficos creados por otros. Deben asegurarse de que estos recursos tengan licencias válidas para el uso específico (comercial o personal) que requiere el proyecto editorial.

- **Respeto a la autoría**:
  - Los creativos tienen la responsabilidad de acreditar correctamente el trabajo de otros autores o creadores cuando sus obras sean utilizadas.

Ejemplo: Un diseñador utiliza una fotografía de un banco de imágenes para una portada de libro. Antes de hacerlo, revisa las condiciones de la licencia para asegurarse de que el uso comercial está permitido y, si es necesario, incluye los créditos requeridos.

1.6.3. Para los gestores de producción

Los gestores de producción editorial coordinan todos los aspectos logísticos y legales para garantizar que el producto final cumpla con las normativas. Su conocimiento de la propiedad intelectual es esencial para:

- **Cumplimiento legal**:
  - Supervisar que todos los materiales utilizados en una publicación (textos, imágenes, diseño gráfico) cumplan con las leyes de propiedad intelectual y tengan las autorizaciones necesarias.
- **Gestión de contratos**:
  - Trabajan con contratos de cesión de derechos, licencias y acuerdos con autores, ilustradores y otros colaboradores para garantizar que todos los términos legales estén claros antes de la producción.
- **Prevención de conflictos**:
  - Aseguran que se respeten los derechos de autor para evitar problemas legales que puedan retrasar o cancelar la publicación.

Ejemplo: Un gestor de producción revisa los contratos de cesión de derechos de las imágenes utilizadas en un libro de historia. Verifica que todas las licencias incluyan los permisos necesarios para su impresión y distribución internacional.

1.6.4. Resumen de ideas clave

La propiedad intelectual impacta de manera directa en el trabajo de editores, diseñadores y gestores de producción, asegurando que los recursos creativos se utilicen de manera ética y legal. Cada profesional tiene un rol específico en la gestión de derechos de autor, y su conocimiento y respeto por las leyes de propiedad intelectual son esenciales para evitar conflictos y garantizar el éxito de cualquier proyecto editorial.

1.7. Resumen del capítulo y ejercicios prácticos

Este apartado cierra el capítulo proporcionando una recapitulación de los conceptos clave sobre la propiedad intelectual y ofreciendo actividades prácticas para consolidar el aprendizaje. A través de preguntas de reflexión y casos hipotéticos, los estudiantes podrán aplicar los conocimientos adquiridos al contexto editorial.

El resumen y las actividades prácticas de este capítulo están diseñados para que los estudiantes reflexionen y apliquen los conceptos de propiedad intelectual en situaciones reales del entorno editorial. Comprender y respetar estos principios es esencial para garantizar la protección de las obras y el desarrollo de una industria ética y profesional.

I.7.I. Resumen de ideas clave

1. **Concepto y Origen de la Propiedad Intelectual:**
   - La propiedad intelectual protege las creaciones del intelecto humano en las áreas artística, literaria, científica y comercial.
   - Surgió históricamente para fomentar la creatividad y garantizar que los autores y creadores pudieran beneficiarse de sus obras.

2. **Clasificación de la Propiedad Intelectual:**
   - Se divide en derechos de autor y derechos conexos, propiedad industrial (marcas, patentes, diseños industriales) y otros tipos, como secretos empresariales y denominaciones de origen.
   - Cada categoría cumple un papel único en la protección de las obras y los procesos creativos.

3. **Derechos Patrimoniales y Morales:**
   - Los derechos patrimoniales permiten la explotación económica de las obras durante un tiempo limitado.
   - Los derechos morales garantizan el reconocimiento del autor y el respeto a la integridad de la obra de manera perpetua.

4. **Principios Básicos de la Propiedad Intelectual:**
   - Originalidad: Las obras deben ser únicas y creadas por el autor.
   - Territorialidad: Los derechos están regidos por las leyes de cada país.
   - Temporalidad: Los derechos patrimoniales tienen una duración limitada.

5. **Organismos y Tratados Internacionales**:

    • Organismos como la OEPM y la OMPI y tratados como el Convenio de Berna y el ADPIC garantizan la protección de la propiedad intelectual en contextos nacionales e internacionales.

6. **Importancia de la Propiedad Intelectual en el Sector Editorial**:

    • Editores, diseñadores y gestores de producción necesitan comprender la propiedad intelectual para gestionar contratos, licencias y recursos creativos, garantizando un proceso editorial ético y legal.

I.7.2. Preguntas de reflexión

1. ¿Por qué es importante proteger las obras literarias y artísticas bajo el marco de la propiedad intelectual?

2. ¿Cómo influye el principio de territorialidad en la distribución internacional de un libro?

3. ¿Qué diferencia hay entre los derechos patrimoniales y los derechos morales? ¿Por qué son importantes ambos en el contexto editorial?

4. ¿Qué papel juegan los organismos internacionales, como la OMPI, en la protección de las obras en un mercado globalizado?

5. Si fueras editor de una novela, ¿qué pasos tomarías para garantizar que se cumplan las leyes de propiedad intelectual en su publicación?

1.7.3. Ejercicios prácticos

1. **Identificación de Tipos de Propiedad Intelectual:**

   - Caso: Una editorial está diseñando un libro infantil que incluye un texto original, ilustraciones encargadas a un artista freelance y una tipografía descargada de un banco de fuentes en línea.
   - Tarea: Identifica los tipos de propiedad intelectual presentes en el proyecto (derechos de autor, diseños industriales, licencias) y cómo deberían gestionarse.

2. **Resolución de Conflictos de Derechos de Autor:**

   - Caso: Una editorial publica un libro con imágenes tomadas de internet sin autorización. El fotógrafo descubre el uso de su obra y exige compensación.
   - Tarea: Describe cómo se debió haber gestionado este recurso antes de la publicación y propón una solución al conflicto.

3. **Creación de un Contrato Básico de Cesión de Derechos:**

   - Tarea: Redacta un contrato sencillo para un ilustrador que colabora en una novela gráfica. El contrato debe incluir:
     - Tipo de derechos cedidos (reproducción, distribución, comunicación pública).
     - Duración de la cesión.
     - Ámbito territorial.
     - Remuneración acordada.

4. Análisis de Principios de Propiedad Intelectual:

- Caso: Un autor fallecido hace 75 años escribió una novela que ahora está siendo adaptada al cine por una productora.
- Tarea: Identifica qué principios de la propiedad intelectual se aplican en este caso (temporalidad, derechos morales) y cómo se deben gestionar.

Capítulo 2:

Derechos de autor en el ámbito editorial

2.1. Concepto y elementos de los derechos de autor

Los derechos de autor son una parte fundamental de la propiedad intelectual y tienen un papel clave en el ámbito editorial. Este apartado detalla su definición, alcance y aplicación en la industria.

2.1.1. Definición y ámbito de protección

El **derecho de autor** es el conjunto de normas legales que protege las obras originales de carácter literario, artístico o científico. Este derecho otorga a los autores control exclusivo sobre el uso de sus creaciones y les permite decidir cómo y cuándo pueden ser reproducidas, distribuidas, transformadas o comunicadas al público.

El ámbito de protección de los derechos de autor incluye:

- **Obras literarias**: Libros, cuentos, artículos, guiones, poesías.
- **Obras gráficas y plásticas**: Ilustraciones, pinturas, esculturas, fotografías.
- **Obras audiovisuales**: Películas, documentales, animaciones, videoclips.
- **Programas informáticos**: Software, videojuegos, aplicaciones.
- **Composiciones musicales**: Canciones con o sin letra.

El objetivo principal del derecho de autor es proteger tanto los intereses económicos del creador como su vínculo moral con la obra.

2.1.2. Obras protegidas y no protegidas

Obras protegidas:

- **Textos**: Novelas, ensayos, manuales, guiones.
- **Imágenes**: Fotografías, ilustraciones, gráficos y diseños.
- **Diseños editoriales**: Formatos creativos para la presentación de contenidos en libros, revistas o páginas web.
- **Contenido multimedia**: Obras que combinan texto, audio e imagen, como presentaciones interactivas o publicaciones digitales.

Obras no protegidas:

- **Hechos o noticias**. Los hechos en sí no son protegibles, aunque el texto que los describe sí puede estar protegido si es una creación original.

- **Ideas o conceptos**. Las ideas generales o los conceptos abstractos no están protegidos; solo lo está su materialización en una obra concreta.
- **Procedimientos y métodos**. No se protegen a través del derecho de autor, sino mediante patentes u otras herramientas de propiedad industrial.
- **Normas legales y actos administrativos**. Como leyes, decretos o sentencias judiciales, que son de dominio público.

Ejemplo: Un artículo periodístico sobre un hecho histórico está protegido por derechos de autor debido a la forma en que el periodista lo redacta, pero el hecho en sí puede ser usado libremente por otros autores, siempre y cuando no copien el texto.

2.1.3. Ejemplos en el sector editorial

El derecho de autor tiene múltiples aplicaciones en el sector editorial. Algunos ejemplos prácticos incluyen:

1. **Libro con ilustraciones**
   - El texto de un libro está protegido como obra literaria.
   - Las ilustraciones, aunque formen parte del libro, son obras gráficas independientes y están protegidas como tal. Si una editorial publica un libro ilustrado, debe obtener los derechos de ambos elementos.

2. **Fotografía en una portada**
   - Si un diseñador gráfico utiliza una fotografía de un banco de imágenes, debe adquirir la licencia correspondiente para poder incluirla legalmente en la portada del libro.

3. **Traducción de una novela**

    • Una novela traducida al español sigue estando protegida por los derechos de autor del escritor original, pero la traducción también genera derechos para el traductor, ya que su trabajo se considera una obra derivada.

4. **Diseño de una colección editorial**

    • Una colección de libros con un diseño distintivo (portadas, tipografías, colores) está protegida por derechos de autor si este diseño refleja creatividad original.

2.1.4. Resumen de ideas clave

Los derechos de autor son esenciales para garantizar que las obras creativas sean respetadas y protegidas en el sector editorial. Entender qué tipo de obras están protegidas y cómo gestionar los derechos asociados permite a los editores, diseñadores y demás profesionales del sector operar de manera ética y legal, asegurando tanto la protección de los autores como el éxito de los proyectos editoriales.

2.2. Derechos patrimoniales en el ámbito editorial

Los derechos patrimoniales permiten al autor controlar el uso económico de su obra. En el ámbito editorial, estos derechos son cruciales para la reproducción, distribución y explotación de libros y otros productos creativos. A continuación, se detallan sus principales aspectos y cómo se gestionan en la práctica editorial.

2.2.1. Derechos de explotación

Reproducción

El derecho de reproducción permite al titular de los derechos autorizar o prohibir la realización de copias de su obra en cualquier formato. Esto incluye:

- La impresión de libros físicos.
- La creación de libros electrónicos (e-books).
- La reproducción de fragmentos en antologías o revistas.

Importancia en el ámbito editorial: La reproducción es el primer paso para llevar una obra al público. Las editoriales negocian este derecho con los autores para asegurarse de que pueden producir el número necesario de ejemplares para su comercialización.

Ejemplo: Una editorial adquiere el derecho de reproducir una novela y decide imprimir 5.000 copias iniciales. Más adelante, si necesita una reimpresión, debe asegurarse de que el contrato permita esta reproducción adicional.

Distribución

El derecho de distribución permite al autor o titular de los derechos controlar cómo y dónde se ponen en circulación las copias de su obra. Esto incluye:

- Venta en librerías físicas o en línea.
- Distribución gratuita, como en campañas educativas.
- Exportación de ejemplares a otros países.

Relevancia editorial: Las editoriales suelen adquirir este derecho para garantizar que las obras lleguen al público objetivo. Esto puede implicar acuerdos con distribuidores nacionales e internacionales.

Ejemplo: Una editorial española firma un contrato con una distribuidora en América Latina para vender sus libros en librerías de México y Argentina, ampliando el alcance de la obra.

Comunicación pública

El derecho de comunicación pública permite al autor controlar la puesta a disposición de su obra a un público amplio, sin la necesidad de distribuir copias físicas. Ejemplos incluyen:

- Lecturas públicas de fragmentos de libros.
- Presentaciones de obras en ferias o eventos.
- Publicación de extractos en sitios web o redes sociales.

Ejemplo: En una presentación de un nuevo libro, un autor realiza una lectura de un capítulo en un evento público. Esta actividad requiere la autorización del autor o del titular de los derechos de comunicación pública.

Transformación

El derecho de transformación otorga al autor control sobre la creación de obras derivadas basadas en su obra original. Esto incluye:

- Adaptaciones cinematográficas o teatrales.
- Traducciones a otros idiomas.
- Creación de resúmenes, adaptaciones juveniles o versiones ilustradas.

Relevancia editorial: Este derecho es particularmente importante en la producción de libros traducidos o adaptados a nuevos formatos, como audiolibros o novelas gráficas.

Ejemplo: Un editor negocia con un autor el derecho de transformar su novela en una versión cinematográfica y una traducción al inglés para el mercado internacional.

2.2.2. Cesión de derechos

Tipos de Cesión

La cesión de derechos puede ser de distintos tipos, según los acuerdos entre el autor y la editorial:

- **Cesión exclusiva**: La editorial adquiere el derecho exclusivo de explotar la obra en los términos acordados. Ninguna otra entidad puede utilizar la obra mientras dure el contrato.
- **Cesión no exclusiva**: El autor conserva el derecho de otorgar permisos similares a otras editoriales o entidades.
- **Cesión total**: Incluye todos los derechos de explotación de la obra.
- **Cesión parcial**: Solo se ceden algunos derechos específicos, como la traducción o la distribución.

Ejemplo: Un autor cede de manera exclusiva los derechos de reproducción y distribución de su novela a una editorial, pero retiene los derechos de transformación para posibles adaptaciones cinematográficas.

2.2.3. Duración y ámbito territorial

- **Duración**: La cesión puede ser por un tiempo limitado (por ejemplo, cinco años) o indefinido, dependiendo del contrato.

- **Ámbito territorial**: La cesión puede aplicarse a un territorio específico (por ejemplo, España) o ser global.

Relevancia editorial: Las editoriales deben asegurarse de que los términos de duración y territorio sean adecuados a sus planes de comercialización.

Ejemplo: Una editorial adquiere los derechos de publicación de una novela durante diez años para el mercado de habla hispana, con la posibilidad de renegociar el contrato al término del periodo.

2.2.4. Ejemplos de contratos de cesión en editoriales

- **Contrato de traducción**: Una editorial española acuerda con una francesa traducir y distribuir una obra en francés durante cinco años.
- **Contrato para libros ilustrados**: Un ilustrador cede los derechos de sus ilustraciones para un libro infantil, especificando que solo pueden usarse en esa publicación.
- **Contrato de audiolibros**: Una editorial firma un acuerdo con una plataforma digital para transformar una obra literaria en formato de audiolibro y distribuirla globalmente.

2.2.5. Resumen de ideas clave

Los derechos patrimoniales son la base económica de la relación entre los autores y las editoriales. Gestionar correctamente los derechos de reproducción, distribución, comunicación pública y transformación es esencial para garantizar que las obras lleguen al público de manera legal y rentable. Además, los contratos de cesión son herramientas clave que deben ser claras y precisas, reflejando los acuerdos entre las partes involucradas en la explotación de la obra.

2.3. Derechos morales en el ámbito editorial

Los **derechos morales** son una parte esencial de los derechos de autor, ya que protegen la conexión personal y emocional entre el autor y su obra. A diferencia de los derechos patrimoniales, que tienen un enfoque económico, los derechos morales son inalienables y perpetuos, asegurando que el autor mantenga un control sobre aspectos fundamentales de su creación incluso después de ceder los derechos de explotación.

2.3.1. Definición y características

Los derechos morales son aquellos que protegen el vínculo personal entre el autor y su obra, permitiendo al autor decidir cómo debe ser tratada. Estas son sus principales características:

- **Inalienables**: No pueden ser transferidos, vendidos ni renunciados, lo que garantiza que el autor conserve estos derechos durante toda su vida y más allá.
- **Perpetuos**: A diferencia de los derechos patrimoniales, los derechos morales no tienen una duración limitada; continúan incluso después de la

muerte del autor y pueden ser ejercidos por sus herederos.

- **Irrenunciables**: El autor no puede renunciar a estos derechos, asegurando siempre su reconocimiento y el respeto a su obra.

Ejemplo: Un autor que falleció hace 100 años sigue siendo reconocido como el creador de una obra que ahora está en dominio público. Aunque cualquiera puede reproducir la obra, debe respetarse su paternidad y no se pueden realizar modificaciones que atenten contra la integridad de la creación.

2.3.2. Principales derechos morales

Derecho a la paternidad de la obra

Este derecho permite al autor ser reconocido como el creador de la obra, asegurando que su nombre aparezca en todas las publicaciones y adaptaciones. En el ámbito editorial, esto se refleja en la acreditación adecuada en:

- Portadas de libros.
- Páginas legales o de créditos.
- Adaptaciones cinematográficas o teatrales.

Ejemplo: En una novela publicada, el nombre del autor debe figurar claramente en la portada. Si la obra es traducida, el traductor también debe ser reconocido por su contribución.

Derecho a la integridad de la obra

Este derecho permite al autor oponerse a cualquier alteración, modificación o uso de su obra que pueda desvirtuarla o perjudicar su reputación. Es especialmente relevante en:

- Ilustraciones: Un ilustrador puede evitar que sus dibujos sean modificados o utilizados fuera del contexto original.
- Textos literarios: Un autor puede impedir la omisión o adición de capítulos que alteren el significado de su obra.

Ejemplo: Una editorial decide reeditar un libro infantil ilustrado y propone modificar algunos dibujos para adaptarlos a un nuevo público. El ilustrador tiene derecho a rechazar estas modificaciones si considera que alteran la esencia de su trabajo.

Derecho de divulgación

El derecho de divulgación otorga al autor el poder de decidir cuándo y cómo publicar su obra. Si un autor decide que su obra no está lista o no desea publicarla, nadie puede obligarlo a hacerlo.

Ejemplo: Un autor escribe una novela, pero no la considera terminada. Aunque haya firmado un contrato con una editorial, esta no puede publicar el manuscrito sin su consentimiento.

Derecho de retiro

El derecho de retiro permite al autor retirar su obra del mercado si considera que ya no representa sus valores o ideas actuales. Este derecho es raro y debe ejercerse bajo ciertas condiciones:

- El autor debe indemnizar a los titulares de derechos patrimoniales afectados, como editoriales o distribuidores.
- Una vez retirada la obra, puede decidir revisarla y volver a publicarla.

Ejemplo: Un autor de ensayos filosóficos decide retirar un libro antiguo porque ya no refleja sus creencias actuales. Para hacerlo, debe compensar a la editorial por las pérdidas ocasionadas.

2.3.3. Implicaciones para el editor y el diseñador

Los derechos morales tienen un impacto directo en el proceso de producción editorial. Es responsabilidad de los editores y diseñadores respetar estos derechos en cada etapa del trabajo. Algunas buenas prácticas incluyen:

- **Reconocer al autor**: Asegurarse de que el nombre del autor aparezca correctamente en todos los formatos de la obra, incluidos libros, e-books y adaptaciones.
- **No alterar sin consentimiento**: Evitar realizar modificaciones en textos, ilustraciones o diseños sin la autorización del autor.
- **Respetar la intención del autor**: Mantener la integridad y el mensaje original de la obra, incluso en adaptaciones o reimpresiones.
- **Consultar al autor para decisiones importantes**: Si se quiere transformar la obra (por ejemplo, una traducción o adaptación), es fundamental contar con su aprobación.

Ejemplo: Un diseñador crea una nueva edición de un clásico literario e incluye ilustraciones. Antes de publicarlo, debe asegurarse de que el estilo y la presentación sean compatibles con la visión del autor original y respeten los derechos morales asociados.

2.3.4. Resumen de ideas clave

Los derechos morales son una salvaguarda para la relación entre el autor y su obra, asegurando que esta sea tratada con el respeto y reconocimiento que merece. Para los profesionales del sector editorial, comprender y respetar estos derechos es esencial para evitar conflictos y construir relaciones de confianza con los creadores, garantizando que las obras se produzcan y distribuyan de manera ética y legal.

2.4. Duración y extinción de los derechos de autor

La duración de los derechos de autor establece un límite temporal para los derechos patrimoniales. Una vez que este periodo expira, las obras pasan al dominio público, permitiendo su libre uso. Este apartado analiza la duración y gestión de los derechos patrimoniales, así como el concepto y las implicaciones del dominio público.

2.4.1. Duración de los derechos patrimoniales

España

En España, los derechos patrimoniales de una obra tienen una duración de **70 años tras la muerte del autor**, según la Ley de Propiedad Intelectual. Este plazo garantiza a los herederos o titulares de los derechos la posibilidad de explotar económicamente la obra durante varias décadas.

Variaciones según el tipo de obra:

- **Obras en colaboración**: Si hay varios autores, el plazo comienza a contar desde la muerte del último de ellos.
- **Obras anónimas o seudónimas**: La duración es de 70 años desde la publicación, salvo que el autor revele su identidad antes de que expire el plazo.
- **Obras colectivas**: En las obras creadas por encargo o de manera colectiva (por ejemplo, enciclopedias), los derechos suelen pertenecer a la entidad encargada, y el plazo comienza a contar desde la publicación.

Normativa Internacional

A nivel internacional, los países miembros del **Convenio de Berna** deben garantizar una duración mínima de 50 años tras la muerte del autor, aunque la mayoría, como los países de la Unión Europea, han adoptado el estándar de 70 años.

2.4.2. Derechos de autor postmortem

Cuando un autor fallece, sus derechos patrimoniales no desaparecen inmediatamente; se transfieren a sus herederos o entidades designadas. Este proceso asegura que la obra pueda seguir generando beneficios económicos. La gestión de estos derechos puede incluir:

- **Herederos legales**: Los derechos pasan a los familiares del autor (cónyuge, hijos, nietos), quienes pueden explotarlos o cederlos a terceros.
- **Entidades designadas**: Algunos autores transfieren sus derechos a fundaciones, universidades o bibliotecas para preservar y promover su obra.

- **Sociedades de gestión colectiva**: En muchos casos, estas entidades administran los derechos en nombre de los herederos o titulares, facilitando la explotación y garantizando el cumplimiento legal.

Ejemplo: El autor de un libro fallece y deja sus derechos a sus hijos. Estos pueden negociar contratos para nuevas ediciones o adaptaciones cinematográficas de la obra.

2.4.3. Extinción y dominio público

Concepto de dominio público

El **dominio público** es el estado legal de una obra cuando sus derechos patrimoniales han expirado, lo que permite su uso libre por cualquier persona sin necesidad de obtener permisos o pagar regalías. Sin embargo, los **derechos morales**, como el reconocimiento de la autoría y la integridad de la obra, permanecen vigentes.

Características del dominio público:

- Las obras pueden ser reproducidas, adaptadas o distribuidas libremente.
- Fomenta el acceso universal al patrimonio cultural.
- Abre oportunidades para crear nuevas versiones y adaptaciones de obras clásicas.

Uso de obras en dominio público en editoriales

Las editoriales suelen beneficiarse del dominio público publicando y adaptando obras clásicas. Estas actividades no solo generan ingresos, sino que también contribuyen a preservar y difundir el patrimonio cultural.

Ejemplos de aprovechamiento editorial:

- **Reimpresiones**: Publicación de ediciones asequibles de clásicos literarios como Don Quijote de la Mancha o Hamlet.
- **Adaptaciones**: Creación de ediciones ilustradas, infantiles o modernas de obras antiguas.
- **Versiones multimedia**: Producción de audiolibros, películas o series basadas en textos clásicos.
- **Ediciones críticas**: Publicación de versiones anotadas y analizadas por expertos, añadiendo valor académico.

Ejemplo: Una editorial publica una edición especial de *Orgullo y Prejuicio* de Jane Austen con ilustraciones originales y una introducción crítica. Al estar en dominio público, no necesita pagar derechos por el texto, pero sí puede agregar elementos nuevos para enriquecer la edición.

2.4.4. Resumen de ideas clave

La duración limitada de los derechos patrimoniales equilibra los intereses de los autores y de la sociedad, garantizando que los creadores y sus herederos puedan beneficiarse económicamente durante un periodo definido. Una vez que las obras pasan al dominio público, se convierten en un recurso valioso para las editoriales y el público, fomentando el acceso cultural y la creatividad en la reinterpretación de obras clásicas.

2.5. Contratos y acuerdos en el ámbito editorial

Los contratos y acuerdos son herramientas fundamentales en el sector editorial, ya que establecen las condiciones legales y económicas para la explotación de obras y colaboraciones creativas. Este apartado aborda los diferentes tipos de contratos en el ámbito editorial y las cláusulas esenciales que deben incluirse para garantizar la protección de los derechos de todas las partes.

2.5.1. Contratos de cesión de derechos

Estructura básica de un contrato de cesión

Un contrato de cesión de derechos permite al autor transferir algunos o todos los derechos de explotación de su obra a una editorial. Los elementos esenciales que debe incluir son:

- **Partes**: Identificación del autor o titular de los derechos y de la editorial que recibirá los derechos.
- **Objeto del contrato**: Descripción detallada de la obra que se cede, especificando su naturaleza (novela, ensayo, ilustración, etc.).
- **Duración**: Plazo durante el cual la editorial puede explotar la obra. Puede ser un periodo específico (por ejemplo, 5 años) o indefinido.
- **Ámbito territorial**: Indica si los derechos cedidos son válidos en un país, una región (por ejemplo, Europa) o a nivel mundial.
- **Remuneración**: Detalla el pago que recibirá el autor, ya sea una cantidad fija, un porcentaje sobre las ventas (royalties) o una combinación de ambos.

Ejemplo: Un contrato en el que un autor cede los derechos de reproducción y distribución de su novela a una editorial española por 10 años, con un royalty del 10% sobre cada copia vendida.

Cláusulas comunes

Los contratos de cesión en el ámbito editorial suelen incluir las siguientes cláusulas:

- **Exclusividad**: Especifica si la editorial tendrá el derecho exclusivo de explotar la obra o si el autor puede ceder los derechos a otras editoriales.
- **Derechos de explotación**: Detalla los derechos cedidos, como reproducción, distribución, comunicación pública y transformación.
- **Derechos de adaptación**: Incluye la posibilidad de adaptar la obra a otros formatos, como traducciones, audiolibros o versiones cinematográficas.
- **Cláusulas de reversión**: Permiten al autor recuperar los derechos si la editorial no cumple con ciertas condiciones, como publicar la obra en un plazo determinado.

Ejemplo: Un contrato con cláusula de exclusividad que otorga a una editorial los derechos exclusivos de reproducción y distribución de una novela durante 5 años, pero permite al autor conservar los derechos de traducción.

2.5.2. Modelos de contratos básicos de cesión de derechos

Un contrato bien redactado es una herramienta esencial para garantizar que los acuerdos entre autores y cesionarios sean claros, justos y legalmente vinculantes. A continuación, se presentan modelos básicos para diferentes tipos de acuerdos, con detalles clave y enlaces a recursos útiles. Puedes adaptar estos contratos según las especificidades de tus proyectos.

Modelo I: contrato de edición

El contrato de edición formaliza las condiciones bajo las cuales un autor cede los derechos de explotación de su obra a un editor. Este modelo es fundamental para libros impresos, revistas y otras publicaciones físicas.

- Elementos clave:
  1. **Cesión de derechos:**
     - Incluye derechos de reproducción, distribución y comunicación pública.
     - Especifica si la cesión es exclusiva o no exclusiva.
  2. **Duración y ámbito territorial:**
     - Define el período durante el cual el editor puede explotar la obra y los territorios en los que tendrá validez.
  3. **Tirada inicial y reimpresiones:**
     - Indica la cantidad inicial de ejemplares que se producirán y las condiciones para reimpresiones posteriores.
  4. **Remuneración del autor:**
     - Establece si el pago será un porcentaje de las ventas (royalties) o una tarifa fija.

Ejemplo: Un autor firma un contrato para la publicación de su novela con una tirada inicial de 3,000 ejemplares. El acuerdo incluye un 10% de regalías por cada libro vendido y una duración de cinco años.

Modelo completo disponible en: https://www.escriptors.cat/temes-professionals-contractes_contactes_edicio

Modelo 2: contrato de traducción

El contrato de traducción está diseñado para regular la relación entre el autor o editor de una obra original y el traductor que la adaptará a otro idioma.

Elementos clave:

1. Derechos de explotación:
   - Detalla los derechos de uso del texto traducido, incluyendo reproducción y distribución.
2. Plazos de entrega:
   - Define las fechas para la entrega del manuscrito traducido y para realizar posibles correcciones.
3. Remuneración:
   - Especifica si el traductor recibirá un pago por palabra, capítulo o proyecto completo, y si tendrá derecho a regalías adicionales.
4. Reconocimiento:
   - Garantiza que el traductor sea acreditado adecuadamente en todas las ediciones de la obra.

Ejemplo práctico: Un traductor acuerda adaptar una novela al inglés, recibiendo 0,05 euros por palabra traducida, con un pago adicional del 2% sobre las ventas en territorio anglosajón.

Modelo completo disponible en: https://www.escriptors.cat/temes-professionals-contractes_contactes_traduccio

Modelo 3: contrato de edición digital

Con el auge de los formatos digitales, el contrato de edición digital se ha convertido en una herramienta imprescindible para publicar e-books y otros formatos electrónicos.

Elementos clave:

1. Cesión de derechos digitales:
   - Define si los derechos son exclusivos o no exclusivos para la edición en formatos digitales.
2. Gestión de DRM:
   - Establece si la obra estará protegida mediante sistemas de gestión de derechos digitales (DRM) para evitar copias no autorizadas.
3. Distribución:
   - Detalla las plataformas digitales en las que se publicará la obra (Amazon Kindle, Google Books, etc.).
4. Remuneración:
   - Indica el porcentaje de las ventas digitales que recibirá el autor.

Ejemplo práctico: Un autor firma un contrato para publicar su e-book en Amazon Kindle, cediendo los derechos digitales durante tres años a cambio del 70% de las ventas generadas.

Modelo completo disponible en: https://www.escriptors.cat/temes-professionals-contractes_contactes_digital

Los contratos de cesión de derechos son una herramienta fundamental para formalizar acuerdos y proteger los intereses de todas las partes involucradas. Desde la edición impresa hasta la publicación digital y las traducciones, cada contrato debe adaptarse a las necesidades específicas del proyecto. Recurrir a modelos confiables y bien estructurados, como los proporcionados por la **Associació d'Escriptors en Llengua Catalana (AELC)**, es un paso clave para garantizar la claridad y la seguridad en tus acuerdos creativos.

2.5.2. Acuerdos de coedición y coproducción

Concepto y ventajas

Los acuerdos de coedición y coproducción son colaboraciones entre dos o más editoriales para compartir los costos y beneficios de publicar una obra. Estos acuerdos suelen utilizarse en proyectos que requieren una inversión significativa o que buscan llegar a mercados internacionales.

Ventajas:

- **Reducción de costos**: Las editoriales comparten los gastos de producción, como impresión y distribución.
- **Ampliación de mercados**: Permite llegar a regiones donde una de las editoriales tiene una presencia limitada.
- **Acceso a recursos compartidos**: Las editoriales pueden beneficiarse de la experiencia y contactos de sus socios.

Ejemplo: Una editorial española colabora con una editorial mexicana para publicar un libro en ambos países, compartiendo los costos de impresión y promocionando la obra conjuntamente.

Distribución de derechos y beneficios

En estos acuerdos, es fundamental establecer cómo se distribuirán los derechos y beneficios:

- **Derechos de explotación**: Se puede acordar que una editorial tenga los derechos en un territorio (por ejemplo, Europa) y la otra en otro (por ejemplo, América Latina).

- **Beneficios económicos**: Los ingresos pueden dividirse proporcionalmente según la inversión realizada por cada editorial.
- **Reconocimiento**: Ambas editoriales deben figurar en los créditos de la obra, especificando su rol en la coedición o coproducción.

Ejemplo: Dos editoriales acuerdan dividir los beneficios de un libro al 60/40, dependiendo de sus aportes financieros y logísticos al proyecto.

2.5.4. Contratos con ilustradores, diseñadores y traductores

Aspectos Clave

Además de los contratos con autores, las editoriales suelen trabajar con ilustradores, diseñadores gráficos y traductores, cuyas colaboraciones también requieren acuerdos específicos. Algunos aspectos clave a considerar son:

- **Definición del alcance del trabajo**: Especificar qué se espera del colaborador, como la creación de ilustraciones para una portada o la traducción de un manuscrito completo.
- **Propiedad de los derechos**: Determinar si los derechos patrimoniales de las obras creadas se ceden a la editorial o permanecen con el creador.
- **Reconocimiento del autor**: Respetar los derechos morales del creador, asegurando que su nombre aparezca en los créditos de la obra.
- **Remuneración**: Establecer el pago, que puede ser una tarifa fija, un porcentaje sobre las ventas o una combinación de ambos.

Ejemplo: Un contrato con un ilustrador para crear la portada de un libro especifica que la editorial adquiere los derechos exclusivos de reproducción, pero el ilustrador conserva el derecho moral a ser reconocido como creador.

2.5.5. Resumen de ideas clave

Los contratos y acuerdos son esenciales para establecer relaciones claras y legales entre autores, editoriales y otros colaboradores. Una redacción adecuada y detallada de estos documentos garantiza que los derechos y responsabilidades de todas las partes estén protegidos, fomentando un entorno profesional y transparente en el sector editorial.

2.6. Licencias de uso y ejemplos en el sector editorial

Las licencias de uso son herramientas legales que permiten a los titulares de derechos de autor definir cómo se puede utilizar su obra. En el sector editorial, las licencias juegan un papel crucial para gestionar la reproducción, distribución y difusión de obras, asegurando tanto la protección de los derechos como la flexibilidad para alcanzar un público más amplio.

2.6.1. Tipos de licencias

Licencias exclusivas y no exclusivas

Las licencias exclusivas y no exclusivas se diferencian en el nivel de control que el titular de los derechos concede al licenciatario:

- **Licencia exclusiva**: El titular de los derechos otorga a una persona o entidad el uso exclusivo de ciertos derechos de explotación. Durante la duración de la licencia, ninguna otra persona, incluido el propio titular, puede utilizar esos derechos.
- **Licencia no exclusiva**: El titular de los derechos permite a varias personas o entidades utilizar los mismos derechos al mismo tiempo.

Ejemplo 1: Una editorial adquiere una licencia exclusiva para traducir y distribuir una novela en un idioma específico. El autor no podrá otorgar esta licencia a otra editorial mientras el contrato esté vigente.

Ejemplo 2: Un autor concede a varias editoriales licencias no exclusivas para publicar su libro en diferentes formatos, como papel y digital.

Licencias de Creative Commons

Las licencias de **Creative Commons (CC)** son un sistema flexible que permite a los autores establecer condiciones específicas para el uso de sus obras. Estas licencias se utilizan ampliamente en el ámbito editorial, especialmente en contenido académico, educativo y digital.

Tipos principales de licencias CC:

- **CC BY (reconocimiento)**: Permite el uso, distribución y modificación de la obra, incluso con fines comerciales, siempre que se reconozca al autor.
- **CC BY-SA (reconocimiento-compartir igual)**: Similar a CC BY, pero exige que las obras derivadas se distribuyan bajo la misma licencia.
- **CC BY-ND (reconocimiento-sin derivadas)**: Permite el uso y distribución, pero no modificaciones ni obras derivadas.

- **CC BY-NC (reconocimiento-no comercial)**: Permite el uso y distribución no comercial, con el reconocimiento al autor.
- **CC BY-NC-SA** y **CC BY-NC-ND**: Combinan las restricciones de uso no comercial, compartir igual y sin derivadas.

Ejemplo: Un investigador publica un ensayo académico bajo una licencia **CC BY-NC-SA**. Cualquier persona puede usar y modificar el ensayo con fines educativos, siempre que no lo utilice comercialmente y distribuya las obras derivadas bajo la misma licencia.

2.6.2. Ventajas y limitaciones

Ventajas de las licencias

Las licencias de uso ofrecen flexibilidad para los autores y beneficios para el sector editorial:

- **Difusión amplia**: Las licencias, especialmente las no exclusivas y las CC, facilitan que las obras lleguen a un público más amplio.
- **Control sobre el uso**: Los autores pueden establecer condiciones específicas para proteger su obra mientras permiten su utilización.
- **Colaboración y creación derivada**: Las licencias abiertas fomentan la colaboración y la creación de nuevas obras basadas en la original.

Ejemplo: Una editorial educativa publica un libro de texto bajo una licencia CC BY-SA, permitiendo a profesores y estudiantes modificar y redistribuir el contenido, lo que aumenta su alcance en instituciones académicas.

Limitaciones de uso

Las licencias también pueden imponer restricciones, según el acuerdo o tipo de licencia:

- **Restricciones de exclusividad**: Una licencia exclusiva puede limitar al autor para ceder derechos a otros.
- **Condiciones de atribución**: Algunas licencias, como las CC, exigen que se acredite al autor de manera específica.
- **Prohibiciones en usos comerciales**: Licencias como CC BY-NC restringen el uso comercial, lo que puede limitar su aplicación en ciertos contextos editoriales.

Ejemplo: Un autor publica una obra bajo CC BY-NC. Una editorial que desea incluir la obra en un libro comercial necesita negociar una licencia adicional para utilizarla legalmente.

2.6.3. Ejemplos prácticos en el sector editorial

1. **Licencias de Creative Commons para materiales educativos**:

   - Caso: Una editorial publica un manual de biología bajo CC BY-NC, permitiendo que las escuelas lo usen y adapten sin fines comerciales.
   - Resultado: La obra llega a una mayor cantidad de estudiantes, aumentando la visibilidad del autor.

2. **Licencia exclusiva para traducción**:

    • Caso: Una editorial española adquiere una licencia exclusiva para traducir una novela italiana al español y distribuirla en América Latina.
    • Resultado: La editorial asegura un mercado exclusivo para su traducción, maximizando su inversión.

3. **Licencia no exclusiva para antologías**:

    • Caso: Un poeta concede a varias editoriales licencias no exclusivas para incluir sus poemas en diferentes antologías.
    • Resultado: Los poemas alcanzan un público diverso sin limitar el control del autor sobre su obra.

2.6.4. Resumen de ideas clave

Las licencias de uso son herramientas clave para definir cómo las obras pueden ser explotadas en el ámbito editorial. Desde licencias exclusivas que otorgan control total a una entidad hasta licencias abiertas como las Creative Commons, estas opciones permiten a autores y editoriales encontrar un equilibrio entre la protección de los derechos y la difusión de las obras. Entender las ventajas y limitaciones de cada tipo de licencia es fundamental para garantizar un uso ético y eficiente de los recursos creativos.

2.7. Casos de infracción de derechos de autor y cómo evitarlos en el proceso editorial

El respeto a los derechos de autor es esencial para evitar conflictos legales y proteger la reputación de las editoriales. En este apartado se analizan los casos más comunes de infracción, sus consecuencias y las medidas preventivas que las editoriales pueden adoptar para garantizar un proceso de trabajo ético y legal.

2.7.1. Infracción de derechos de autor

Definición y ejemplos comunes

Una infracción de derechos de autor se produce cuando se utiliza una obra protegida sin autorización del titular, incumpliendo la legislación o las condiciones acordadas en contratos. Este incumplimiento es especialmente problemático en el ámbito editorial, donde se trabaja constantemente con textos, imágenes y recursos creativos.

Ejemplos comunes:

- **Reproducción no autorizada**: Copiar y publicar capítulos completos de un libro sin el consentimiento del autor.
- **Uso de imágenes protegidas**: Incluir ilustraciones, fotografías o gráficos en una publicación sin obtener la licencia correspondiente.
- **Distribución fuera de los términos acordados**: Publicar o vender una obra fuera del ámbito territorial o temporal establecido en un contrato.

- **Adaptaciones no autorizadas**: Traducir un libro o adaptar una obra a un formato diferente (como una película o audiolibro) sin autorización.
- **Plagio**: Presentar como propia una obra o parte de una obra ajena.

Ejemplo: Una editorial incluye en un libro de texto fragmentos de obras literarias sin citar a los autores ni obtener permisos de uso. Esto constituye una infracción de derechos de autor.

2.7.2. Consecuencias legales y económicas

Las infracciones de derechos de autor pueden acarrear graves repercusiones, tanto legales como económicas, que afectan a la editorial y a sus colaboradores:

1. **Sanciones legales**:
   - Demandas judiciales por parte de los titulares de los derechos.
   - Multas económicas impuestas por los tribunales, que pueden variar según la gravedad de la infracción.
   - Orden judicial de retirar del mercado las publicaciones infractoras.

2. **Daños económicos**:
   - Indemnización a los titulares de los derechos por las pérdidas ocasionadas.
   - Reimpresión o rediseño de las obras afectadas.
   - Pérdida de inversiones en publicidad y distribución de obras infractoras.

3. **Deterioro reputacional**:
   - Afectación de la confianza de autores, colaboradores y socios comerciales.
   - Mala percepción pública y críticas en medios o redes sociales.

Ejemplo: Un fotógrafo demanda a una editorial por usar una de sus imágenes en la portada de un libro sin su consentimiento. La editorial debe pagar una indemnización, retirar los ejemplares y rediseñar la portada.

2.7.3. Medidas preventivas para editoriales

Revisión de contratos y acuerdos

Una gestión adecuada de los contratos y acuerdos es clave para prevenir conflictos legales. Las editoriales deben:

- Formalizar contratos claros con autores, ilustradores, traductores y demás colaboradores.
- Incluir cláusulas específicas que detallen los derechos cedidos (reproducción, distribución, transformación, etc.), su duración y el ámbito territorial.
- Revisar las condiciones de uso en contratos previos antes de reutilizar obras en nuevas ediciones o formatos.

Ejemplo: Antes de publicar una reedición de un libro, una editorial revisa el contrato original con el autor para verificar si incluye derechos de reimpresión.

Verificación de orígenes y autenticidad de obras

La verificación del origen de las obras utilizadas en una publicación es fundamental para evitar el uso indebido de materiales protegidos. Las medidas incluyen:

- **Imágenes y gráficos**: Comprar recursos en bancos de imágenes o asegurarse de que las licencias permitan su uso comercial.
- **Textos y citas**: Comprobar que los fragmentos utilizados cumplen con las normas de cita o que cuentan con las autorizaciones necesarias.
- **Material encargado**: Confirmar que las obras creadas por colaboradores son originales y no plagios.

Ejemplo: Una editorial adquiere fotografías para una guía de viajes de un banco de imágenes que garantiza el uso comercial, asegurándose de incluir las licencias en su archivo legal.

Educación y sensibilización del personal editorial

Capacitar a los equipos editoriales sobre los derechos de autor y las normativas aplicables es una inversión que ayuda a prevenir errores. Algunas estrategias son:

- Organizar talleres y cursos sobre propiedad intelectual.
- Crear manuales internos con pautas para identificar y gestionar materiales protegidos.
- Fomentar una cultura de respeto hacia los derechos de los creadores.

Ejemplo: Un equipo de diseño editorial recibe formación sobre cómo utilizar imágenes bajo licencias Creative Commons y las diferencias entre uso comercial y no comercial.

2.7.4. Resumen de ideas clave

Las infracciones de derechos de autor representan riesgos legales, económicos y reputacionales que pueden evitarse con medidas preventivas adecuadas. Desde la formalización de contratos claros hasta la capacitación del personal editorial, las editoriales tienen múltiples herramientas para garantizar un trabajo ético y respetuoso con los derechos de los creadores. Adoptar estas buenas prácticas no solo protege a la editorial, sino que también refuerza su posición como entidad profesional y confiable en el mercado.

2.8. Resumen del capítulo y ejercicios prácticos

Este apartado final del capítulo proporciona una recapitulación de los conceptos clave sobre los derechos de autor en el ámbito editorial, seguido de actividades prácticas diseñadas para consolidar el aprendizaje y fomentar la aplicación de estos conceptos en casos reales o hipotéticos.

El conocimiento y respeto de los derechos de autor son fundamentales para el éxito y la integridad del sector editorial. Las actividades propuestas permiten a los estudiantes aplicar los conceptos de manera práctica, preparándolos para gestionar los derechos de autor con profesionalismo y ética en su futura carrera.

2.8.1. Resumen de ideas clave

1. **Concepto y Elementos de los Derechos de Autor**:

   - Los derechos de autor protegen las obras literarias, artísticas y científicas, otorgando al creador control sobre su uso y explotación.

2. **Derechos Patrimoniales**:

   - Permiten al autor explotar económicamente su obra mediante reproducción, distribución, comunicación pública y transformación.
   - Pueden ser cedidos total o parcialmente, bajo contratos específicos que regulen su duración, ámbito territorial y condiciones de uso.

3. **Derechos Morales**:

   - Garantizan el reconocimiento del autor como creador y la integridad de su obra.
   - Son inalienables, irrenunciables y perpetuos, asegurando que el vínculo personal entre autor y obra se respete siempre.

4. **Duración y Extinción de los Derechos de Autor**:

   - Los derechos patrimoniales tienen una duración limitada (70 años tras la muerte del autor en España), mientras que los derechos morales son perpetuos.
   - Una vez expirados los derechos patrimoniales, las obras pasan al dominio público, permitiendo su uso libre.

5. **Contratos, Licencias y Acuerdos**:

   - Los contratos de cesión de derechos y las licencias (como Creative Commons) son herramientas clave para regular el uso de las obras en el sector editorial.

- Una gestión adecuada de estos acuerdos protege tanto a los creadores como a las editoriales.

6. **Prevención de Infracciones**:

- La verificación de derechos, la documentación adecuada y la sensibilización del personal editorial son esenciales para evitar conflictos legales.

2.8.2. Preguntas de reflexión

1. ¿Qué diferencia existe entre los derechos patrimoniales y los derechos morales de un autor?

2. ¿Cómo afecta la territorialidad de los derechos de autor a la distribución de una obra en mercados internacionales?

3. ¿Qué medidas puedes implementar para garantizar el uso ético de imágenes y otros recursos gráficos en una publicación editorial?

4. ¿Qué consecuencias legales y económicas puede enfrentar una editorial que no respeta los derechos de autor?

5. ¿Cómo podrías explicar las ventajas de las licencias Creative Commons a un autor interesado en compartir su obra?

2.8.3. Ejercicios prácticos

Caso I. Identificación de infracciones

Contexto: Una editorial utiliza un fragmento de un ensayo académico en un libro sin atribuir al autor original ni obtener su autorización.

- **Tareas:**
    1. Identifica qué derechos se han infringido.
    2. Propón una solución para corregir el problema y evitar que ocurra en el futuro.

Caso 2. Uso de obras en dominio público

Contexto: Una editorial decide publicar una edición ilustrada de *El Quijote*. Aunque el texto está en dominio público, las ilustraciones han sido creadas por un artista contemporáneo.

- **Tareas:**
    1. Analiza si es necesario obtener permisos para usar las ilustraciones.
    2. Especifica qué derechos deben negociarse con el ilustrador y cómo se incluirían en el contrato.

Caso 3. Contrato de cesión de derechos

Contexto: Un autor cede a una editorial los derechos de reproducción y distribución de su novela por cinco años en el ámbito territorial de Europa.

- **Tareas:**
    1. Redacta una cláusula que especifique la duración, el ámbito territorial y los derechos cedidos.
    2. Propón una cláusula de reversión en caso de que la editorial no publique la obra en el plazo acordado.

2.8.4. Ejemplo práctico: Uso no autorizado de una ilustración en una publicación editorial

Contexto del caso

La editorial "Libros Abiertos" está preparando una nueva edición de cuentos infantiles. Durante el diseño de la portada, el editor descarga una ilustración de internet sin contactar al autor ni obtener permiso, asumiendo que es de libre acceso. Se imprimen y distribuyen mil copias del libro en librerías físicas y en línea.

Infracción de derechos de autor

La editorial comete varias infracciones:

- **Derecho de reproducción**: Al usar la ilustración sin autorización en las copias impresas.
- **Derecho de distribución**: Al vender el libro con la ilustración no autorizada.
- **Derecho moral de paternidad**: Al no acreditar al ilustrador como el autor de la obra.

Consecuencias legales y económicas

- **Indemnización económica**: El ilustrador puede reclamar una compensación por daños, calculando las ganancias generadas y el perjuicio para su obra.
- **Retiro de ejemplares**: La editorial podría verse obligada a retirar los libros del mercado, incurriendo en pérdidas adicionales por la impresión y distribución.

Medidas preventivas:

1. **Revisión y adquisición de derechos**: Contactar siempre al autor o titular para obtener una licencia antes de usar cualquier obra.

2. **Documentación de permisos**: Guardar registros de los contratos o licencias para todas las obras utilizadas.

3. **Capacitación del personal**: Formar al equipo editorial sobre la importancia de respetar los derechos de autor.

Conclusión: Este ejemplo resalta la importancia de respetar los derechos de autor desde la etapa de diseño hasta la distribución. Implementar medidas preventivas no solo evita problemas legales, sino que también promueve relaciones de confianza con los creadores.

Capítulo 3:

Ley del Libro
y su aplicación

3.1. Introducción a la *Ley del Libro*

La **Ley 10/2007, de 22 de junio, de la lectura, del libro y de las bibliotecas**, es un marco legislativo fundamental en España que regula los aspectos esenciales para el fomento de la lectura, la protección del libro como bien cultural y la consolidación de las bibliotecas como instituciones básicas para el acceso al conocimiento y la cultura. Esta ley refuerza el compromiso del Estado con la creación literaria, la industria editorial y la promoción de la lectura en una sociedad diversa y democrática.

3.1.1. Objetivo de la *Ley del Libro*

El propósito central de esta ley es garantizar el acceso equitativo al conocimiento, proteger los derechos de los actores del sector editorial y fomentar la diversidad cultural. Entre sus objetivos principales destacan:

1. **Fomento de la lectura y acceso al libro**:

   • Promover la lectura como herramienta de desarrollo personal y social.
   • Garantizar la disponibilidad de libros en todos los territorios de España, incluyendo los escritos en las lenguas cooficiales.

2. **Protección del libro como bien cultural**:

   • Reafirmar la importancia del libro, en sus formatos físicos y digitales, como un recurso esencial para la transmisión de conocimientos y valores culturales.
   • Apoyar la edición y difusión de obras que contribuyan al patrimonio cultural y educativo.

3. **Regulación del sector editorial**:

   • Establecer normas para la producción, distribución y comercialización del libro, incluyendo el precio fijo como medida para proteger la sostenibilidad del sector y garantizar el acceso igualitario.

4. **Impulso de las bibliotecas públicas**:

   • Promover su desarrollo como espacios accesibles para la consulta y préstamo de libros, fomentando su papel en la democratización de la cultura.

3.1.2. Aplicación en el sector editorial

La Ley del Libro afecta a diversos agentes del sector, estableciendo normativas y principios que deben seguirse para garantizar el equilibrio entre los derechos de los creadores y el acceso del público a las obras.

Para las editoriales:

- **Depósito legal**: Obliga a las editoriales a depositar ejemplares de sus publicaciones en los centros de conservación de la Administración General del Estado y de las Comunidades Autónomas, garantizando la preservación del patrimonio bibliográfico.

- **Precio fijo del libro**: Estipula que los libros deben venderse al mismo precio en todos los puntos de venta, con excepciones limitadas. Esto evita la competencia desleal y protege tanto a pequeñas librerías como a grandes cadenas.

- **Promoción de la diversidad lingüística**: Las editoriales tienen un papel clave en la publicación de obras en lenguas cooficiales, asegurando su disponibilidad en todo el país.

Para las librerías:

- **Obligación de cumplir el precio fijo**: Las librerías deben respetar el precio fijado por las editoriales, con excepciones específicas (por ejemplo, descuentos en ferias del libro o para bibliotecas).

- **Fomento de la distribución equitativa**: Las librerías, especialmente en zonas rurales, se benefician de medidas que buscan facilitar la llegada de libros a todas las regiones.

Para las bibliotecas públicas:

- **Fomento del préstamo público**: La ley garantiza el acceso gratuito al préstamo de libros, tanto físicos como digitales, a través de bibliotecas públicas.

- **Planificación estratégica**: Establece mecanismos de financiación y desarrollo para modernizar las bibliotecas, promoviendo su papel como centros de aprendizaje e inclusión cultural.

Para los creadores (autores, traductores, ilustradores):

- **Protección de los derechos de autor**: Refuerza los derechos de los autores, asegurando una remuneración justa por la explotación de sus obras.
- **Promoción de la creación**: Establece medidas de apoyo a autores y creadores para fomentar la producción de obras originales, especialmente en géneros y temas de interés cultural o educativo.

3.1.3. Importancia de su cumplimiento

El cumplimiento de la Ley del Libro es crucial para mantener una industria editorial sostenible, ética y diversa. Las principales razones incluyen:

1. **Evitar Sanciones**:
   - Las infracciones de la ley, como incumplir el precio fijo del libro, pueden resultar en sanciones económicas y legales para las editoriales, librerías o distribuidores.
2. **Promover Buenas Prácticas**:
   - Cumplir con la normativa fortalece la confianza entre los actores del sector, fomenta la competencia leal y asegura una distribución justa de los beneficios.
3. **Fomentar el Acceso a la Cultura**:
   - El respeto a la ley refuerza el derecho de la ciudadanía al acceso igualitario a los libros y al co-

nocimiento, sin importar su lugar de residencia o condición económica.

Ejemplo: Una editorial que publica un libro en catalán cumple con la Ley del Libro al respetar las disposiciones sobre depósito legal, asignar un ISBN, fijar un precio único y garantizar la disponibilidad de ejemplares en librerías y bibliotecas públicas.

3.1.4. Resumen de ideas clave

La **Ley 10/2007** establece un marco integral que protege tanto los derechos de los creadores como el acceso del público a los libros, consolidando su papel como bienes culturales esenciales. Para los agentes del sector editorial, su cumplimiento no solo garantiza la sostenibilidad del mercado, sino que también promueve valores fundamentales como la igualdad de acceso, la diversidad cultural y el fomento de la lectura en una sociedad democrática.

3.2. Aspectos clave de la Ley del Libro

Este apartado aborda los elementos fundamentales que regula la Ley 10/2007, de 22 de junio, de la lectura, del libro y de las bibliotecas, desde la definición de "libro" hasta la normativa relacionada con el depósito legal y los sistemas de identificación como el ISBN y el código de barras.

3.2.1. Definición de "libro" según la Ley

De acuerdo con el artículo 2 de la Ley, se entiende por **libro** toda obra científica, artística, literaria o de cualquier otra índole que constituye una publicación unitaria, ya sea en formato impreso o en cualquier otro soporte susceptible de lectura, incluyendo los formatos electrónicos.

La definición incluye:

- **Libros electrónicos**: Obras publicadas o difundidas por internet u otros soportes digitales.
- **Materiales complementarios**: Elementos impresos, visuales, audiovisuales o sonoros que se editen junto con el libro y mantengan un carácter unitario.
- **Publicaciones futuras**: Nuevos soportes que puedan surgir y sean compatibles con el concepto de lectura.

3.2.2. Depósito Legal

El **depósito legal** es un mecanismo esencial para preservar el patrimonio bibliográfico y garantizar el acceso a la información cultural e histórica de un país.

Obligación del depósito legal

Todas las editoriales están obligadas a depositar un número determinado de ejemplares de cada publicación en instituciones designadas por la normativa. En España, esta responsabilidad asegura que los libros queden registrados y conservados en los centros de conservación de la Administración General del Estado y de las Comunidades Autónomas.

Objetivo del depósito legal

El principal propósito del depósito legal es:

- **Preservar el patrimonio cultural**: Asegurando que las obras estén disponibles para futuras generaciones.
- **Facilitar el acceso**: Permitir a investigadores y ciudadanos consultar estas publicaciones en el futuro.

Además, se busca una adaptación constante del sistema a los cambios en el sector editorial, como la proliferación de libros electrónicos.

3.2.3. ISBN y código de barras

El **ISBN (International Standard Book Number)** es una herramienta esencial para identificar cada edición de un libro de manera única, facilitando su catalogación y comercialización en librerías y bibliotecas de todo el mundo. Junto con el código de barras, es un elemento clave en la distribución editorial.

Estructura del isbn: significado de cada bloque de números

Un ISBN consta de 13 dígitos organizados en bloques separados por guiones. Cada bloque tiene un significado específico:

1. **Prefijo** (978 o 979): Identifica que el producto pertenece a la categoría de libros. Es parte del estándar **EAN-13**, un sistema de numeración global para identificar productos comerciales.

2. **Identificador de Grupo**: Representa el idioma o área geográfica en la que se publica el libro. Por ejemplo:

• 84: España.

• 0 o 1: Países de habla inglesa.

3. **Identificador de Editor**: Código único asignado a cada editorial dentro del grupo de idiomas o región. Este bloque varía en longitud dependiendo del tamaño del editor.

4. **Número de Título**: Identifica una edición específica de un libro publicado por esa editorial.

5. **Dígito de Control**: Un número generado matemáticamente para verificar la validez del ISBN. Ayuda a detectar errores en la transcripción.

Del ISBN-I0 al ISBN-I3

En enero de 2007, el sistema ISBN se actualizó, pasando de 10 dígitos (ISBN-10) a 13 dígitos (ISBN-13). Este cambio se realizó para integrar el ISBN en el estándar global **EAN-13** utilizado en los códigos de barras.

Razones del cambio:

• Alinear el sistema ISBN con otros estándares internacionales de productos.

• Ampliar la capacidad de numeración ante el crecimiento de publicaciones en todo el mundo.

Diferencias clave:

• **ISBN-10**: Constaba de 9 dígitos más un dígito de control. Ejemplo: 0-123456-47-9.

• **ISBN-13**: Añade el prefijo 978 o 979 al principio, convirtiéndose en un número compatible con el EAN-13. Ejemplo: 978-0-123456-47-9.

Cómo convertir un ISBN-10 a ISBN-13:

1. Añadir el prefijo "978" al inicio del ISBN-10.

2. Calcular el nuevo dígito de control usando la fórmula del EAN-13.

Proceso de Solicitud y Uso Correcto del ISBN

Para obtener un ISBN en España, las editoriales deben:

1. Registrar la solicitud en la **Agencia Española del ISBN**.
2. Proporcionar información sobre la obra, como el título, autor, y formato (impreso o digital).
3. Utilizar un ISBN diferente para cada formato o edición del libro.

Ejemplo: Un libro que se publica en papel y en versión digital debe tener dos ISBN diferentes.

Código de barras: EAN-I3 y su relación con el ISBN

El **EAN-13 (European Article Number)** es un código de barras estándar utilizado para identificar productos en el comercio global. En el caso de los libros, el EAN-13 incluye el ISBN como base de su numeración.

Estructura del EAN-13:

1. **Prefijo del país o categoría**: En libros, siempre es 978 o 979.
2. **Cuerpo del ISBN**: Incluye el grupo, editor y número de título.
3. **Dígito de Control del EAN-13**: Se calcula de manera independiente del dígito de control del ISBN.

Ventajas del ean-13 en libros:

- Facilita el escaneo rápido en librerías y almacenes.
- Permite el seguimiento del inventario.
- Es compatible con sistemas de comercio internacional.

3.2.4. Resumen de ideas clave

Los aspectos clave regulados por la Ley del Libro, como la definición de libro, el depósito legal y los sistemas de identificación, garantizan la preservación cultural, la correcta gestión del sector editorial y un acceso equitativo a los recursos bibliográficos. La implementación de estas disposiciones refuerza la profesionalización del mercado del libro en España y fomenta su sostenibilidad a largo plazo.

3.3. Precio fijo del libro y políticas de descuento

La regulación del **precio fijo del libro** es uno de los pilares fundamentales establecidos en la **Ley 10/2007, de 22 de junio**, y tiene como objetivo proteger el equilibrio y la diversidad en el sector editorial, garantizando que todos los puntos de venta respeten el mismo precio para cada título. Esta normativa beneficia tanto a pequeñas librerías como a grandes distribuidores, al fomentar una competencia justa y preservar el acceso equitativo a la cultura.

3.3.1. Concepto de precio fijo del libro

Definición y regulación

El precio fijo obliga a que cualquier libro vendido al público tenga un precio único, independientemente del lugar, formato o canal de venta. Esto incluye tanto librerías físicas como plataformas en línea. Este principio busca evitar la competencia desleal y promover la sostenibilidad de las pequeñas librerías, que suelen ser agentes culturales clave en sus comunidades.

El editor o importador es el responsable de fijar el precio de venta al público, y todos los operadores económicos, incluidos libreros y distribuidores, deben respetarlo.

Exclusiones al Precio Fijo

Los siguientes supuestos quedan excluidos del régimen de precio fijo, lo que significa que pueden ser vendidos a precios libres según las condiciones de mercado:

1. **Libros de bibliófilo:**
   Ediciones limitadas, numeradas y de alta calidad formal, destinadas a un público restringido.

2. **Libros artísticos:**
   Aquellos elaborados mediante métodos artesanales, que incluyan ilustraciones manuales o encuadernaciones artesanales.

3. **Libros antiguos o de ediciones agotadas:**
   Publicaciones cuyo valor radica en su antigüedad o escasez.

4. **Libros usados:**
   Obras de segunda mano que ya han sido previamente adquiridas y no están en su estado original.

5. **Suscripciones en fase de prepublicación:**
   Ventas realizadas antes de la publicación del libro, generalmente a un precio reducido.

6. **Ediciones especiales para instituciones o distribución promocional:**
   Ejemplares destinados exclusivamente a instituciones, asociados o como material promocional, siempre que estén debidamente especificados como tales.

7. **Libros de texto y material didáctico complementario:**

Incluye materiales creados para la Educación Primaria y Secundaria Obligatoria que desarrollan los currículos oficiales. No aplica a materiales como diccionarios, atlas o libros de lectura general.

8. **Libros descatalogados:** Aquellos que el editor ha retirado oficialmente de su catálogo o comunicado como descatalogados a los canales de distribución y la Agencia Española del ISBN.

9. **Libros de saldo:** Libros cuya última edición haya sido publicada hace más de dos años y que hayan permanecido a la venta durante al menos seis meses. Estos deben estar separados y claramente indicados como saldos.

Excepciones al precio fijo

La ley contempla ciertas excepciones que permiten aplicar precios diferentes en circunstancias específicas:

1. **Día del Libro y Ferias del Libro:** Se permite un descuento de hasta el 10% durante estos eventos, siempre que lo autoricen las entidades organizadoras.

2. **Ventas a instituciones:** Bibliotecas, museos, centros escolares y universidades pueden beneficiarse de descuentos de hasta el 15%.

3. **Acuerdos especiales:** Mediante pactos entre editores, distribuidores y libreros, pueden establecerse ofertas temporales en condiciones delimitadas.

3.3.2. Impacto del precio fijo en la competencia

El sistema de precio fijo tiene un impacto significativo en el mercado editorial:

1. **Protección de la diversidad cultural**:

   • Facilita la coexistencia de grandes distribuidoras y pequeñas librerías, permitiendo que estas últimas compitan en igualdad de condiciones.

   • Garantiza la disponibilidad de obras de baja rotación en las librerías, favoreciendo una oferta bibliográfica diversa y accesible.

2. **Evita prácticas de competencia desleal**:

   • Impide que grandes cadenas utilicen descuentos excesivos como estrategia para monopolizar el mercado, asegurando así la sostenibilidad de pequeños comercios.

Ejemplo: En un evento literario, todas las librerías ofrecen el mismo título con un descuento máximo del 10%, lo que evita que las grandes cadenas atraigan a la mayoría de los compradores con precios más bajos.

3.3.3. Ejemplos de políticas de descuento

1. **Descuento general en librerías**:

   • Se permite un descuento de hasta el 5% sobre el precio fijo para consumidores finales en librerías tradicionales.

2. **Descuentos en eventos especiales**:

• En ferias del libro, congresos o exposiciones, se puede aplicar un descuento del 10%.

3. **Ofertas a instituciones**:

• Los libros vendidos a bibliotecas, universidades u otras instituciones culturales pueden recibir descuentos de hasta el 15%.

Ejemplo: Una universidad adquiere una colección de libros para su biblioteca con un descuento del 15%, cumpliendo con la normativa establecida en la ley.

3.3.4. Resumen de ideas clave

El precio fijo del libro, regulado por la Ley 10/2007, es un mecanismo esencial para garantizar la sostenibilidad del mercado editorial en España. Al establecer condiciones equitativas para todos los agentes implicados, esta política promueve la diversidad cultural, evita prácticas desleales y facilita el acceso igualitario a los recursos bibliográficos. La correcta aplicación de las excepciones previstas en la ley es fundamental para que el sistema funcione de manera efectiva y justa.

3.4. Derechos y deberes de los editores según la ley del libro

La **Ley 10/2007, de 22 de junio**, establece un marco legal claro para los derechos y deberes de los editores en España, definiéndolos como actores clave en la creación, publicación y difusión de libros. Estas disposiciones buscan equilibrar los intereses de editores, autores y consumidores, promoviendo buenas prácticas en el sector editorial.

3.4.1. Derechos del editor

Derecho a la Explotación de la Obra

Los editores tienen el derecho exclusivo de:

- **Comercializar y distribuir la obra**: Obtener beneficios económicos derivados de la venta de libros en diversos formatos.
- **Controlar la circulación de ejemplares**: Definir las estrategias de distribución en mercados nacionales e internacionales.

Este derecho garantiza que los editores, tras formalizar contratos con los autores, puedan gestionar la explotación económica de las obras, respetando los límites establecidos por la legislación de propiedad intelectual.

Derecho de publicación

El editor puede decidir aspectos clave sobre:

- **Formato y presentación**: Diseñar el libro según criterios comerciales y editoriales (papel, digital, audiolibro, etc.).
- **Estrategias de distribución**: Seleccionar canales de venta y estrategias promocionales para maximizar la difusión de la obra.

3.4.2. Deberes del Editor

Calidad y exactitud de la publicación

La ley exige a los editores garantizar la calidad tanto en el contenido como en la presentación del libro. Esto implica:

- Revisar la obra antes de su publicación para asegurar la precisión de datos y la ausencia de errores.
- Utilizar materiales de calidad en la producción de libros impresos y digitales.

Transparencia en la remuneración del autor

Los contratos editoriales deben reflejar de manera clara:

- **Condiciones económicas**: Porcentaje o montos fijos que recibirán los autores por la venta de sus obras.
- **Periodicidad de los pagos**: Fechas y procedimientos para la liquidación de derechos de autor.

Esto garantiza una relación justa entre editor y autor, evitando malentendidos o conflictos legales.

Respetar los derechos de autor y propiedad intelectual

Es obligación del editor:

- Asegurarse de que todas las obras utilizadas en el libro (texto, imágenes, gráficos) cuenten con las licencias o permisos necesarios.
- Reconocer la autoría de los creadores en las publicaciones, respetando sus derechos morales y patrimoniales.

3.4.4. Resumen de ideas clave

La Ley del Libro establece un equilibrio entre los derechos y deberes de los editores, fomentando una industria editorial ética y profesional. Cumplir con estas obligaciones no solo protege los derechos de los autores, sino que también fortalece la relación de confianza entre editores, creadores y lectores, promoviendo un entorno cultural dinámico y sostenible.

3.5. Promoción y distribución de la lectura

La **Ley del Libro**, establece directrices claras para fomentar la lectura y asegurar el acceso al libro como bien cultural. Este apartado analiza las medidas que promueven la lectura y el papel crucial que desempeñan las bibliotecas en este proceso.

3.5.1. Medidas de fomento de la lectura

Subvenciones y ayudas

La Ley prevé la implementación de planes y programas de apoyo que incluyen subvenciones para:

- **Promoción de la lectura**: Iniciativas dirigidas a fomentar el hábito lector, especialmente en sectores con menor acceso cultural, como niños, jóvenes y personas en riesgo de exclusión social.
- **Apoyo a la creación y distribución de libros**: Incentivos a autores, editoriales y distribuidoras para garantizar una oferta diversificada en todos los formatos y lenguas oficiales de España.

Estas políticas, desarrolladas en colaboración con las comunidades autónomas y entidades locales, buscan garantizar la continuidad y sostenibilidad de las campañas de fomento de la lectura.

Campañas de promoción

La Ley fomenta el desarrollo de campañas de promoción a través de:

1. **Medios de comunicación públicos y privados**: Promover el hábito lector mediante contenidos educativos y culturales.

2. **Bibliotecas y centros educativos**: Crear actividades de animación a la lectura, como talleres, clubes de lectura y eventos culturales.

3. **Ferias y exposiciones**: Organizar eventos que visibilicen la importancia de la lectura y del libro.

Ejemplo: En el Día del Libro, se realizan actividades en librerías y bibliotecas públicas para incentivar el hábito lector en todas las edades.

3.5.2. El papel de las bibliotecas

Acceso libre y gratuito

Las bibliotecas públicas garantizan el acceso gratuito a los libros, proporcionando servicios esenciales como:

- Consulta en sala de publicaciones.
- Préstamo individual y colectivo.
- Acceso a recursos digitales y formación para su uso.

Estas medidas democratizan el acceso a la información, asegurando que todos los ciudadanos puedan beneficiarse de los recursos bibliográficos sin importar su situación económica o ubicación.

Depósito y conservación de obras

Las bibliotecas desempeñan un papel fundamental en la **preservación del patrimonio cultural**. A través del depósito legal, se asegura que las publicaciones estén disponibles para futuras generaciones, contribuyendo al desarrollo de la investigación y la memoria colectiva del país.

3.5.3. Resumen de ideas clave

Las medidas de fomento de la lectura y el fortalecimiento de las bibliotecas son pilares esenciales para garantizar el acceso equitativo a la cultura y el conocimiento. Estas políticas no solo benefician a los lectores, sino que también impulsan la industria editorial y promueven la cohesión social al facilitar oportunidades igualitarias en el acceso a la información y la educación.

3.6. El libro en formato digital y nuevas tecnologías

La **Ley del Libro**, reconoce y regula los desafíos y oportunidades que representan los libros digitales y las nuevas tecnologías en el sector editorial. Este apartado detalla los aspectos fundamentales de la normativa aplicada a los libros electrónicos, la protección de derechos en este formato y su impacto en el mercado global.

3.6.1. Definición de libro digital

Concepto y regulación

La Ley amplía la definición de "libro" para incluir las publicaciones electrónicas y digitales. Según el artículo 2, se considera libro a cualquier obra publicada o difundida en un soporte susceptible de lectura, incluyendo libros electrónicos y materiales complementarios como elementos visuales, sonoros o audiovisuales.

Esta definición subraya la intención de la normativa de adaptarse a las transformaciones tecnológicas y garantizar un marco regulatorio inclusivo para los nuevos formatos.

3.6.2. Protección de derechos en el formato digital

Limitaciones de copia y distribución

Los libros digitales enfrentan riesgos específicos relacionados con la copia no autorizada y la distribución ilegal. Para mitigar estos problemas, se han implementado las siguientes medidas:

- **Sistemas DRM (Digital Rights Management):** Herramientas tecnológicas que controlan la copia, impresión y acceso a los contenidos digitales, protegiendo los derechos de autor.
- **Licencias de uso:** Acuerdos que especifican las condiciones en las que el usuario puede acceder y utilizar el contenido digital, incluyendo restricciones de compartición y descarga.

Estas medidas buscan equilibrar la protección de los derechos de los creadores y la accesibilidad para los usuarios, aunque también han generado debates sobre su impacto en la experiencia del lector.

3.6.3. Impuestos y precios en el formato digital

IVA reducido para libros digitales

La normativa fiscal española ha equiparado el tratamiento de los libros digitales al de los libros impresos en cuanto a la aplicación del IVA reducido. Esto:

- **Reduce el coste de los libros digitales:** Fomenta su consumo al hacerlos más accesibles económicamente.

- **Facilita la competitividad**: Permite que los libros digitales compitan en igualdad de condiciones con otros formatos en el mercado editorial.

Este enfoque refleja un compromiso por adaptar las políticas fiscales a las realidades del mercado digital.

3.6.4. Distribución y acceso internacional

Oportunidades en mercados globales

Los libros digitales ofrecen ventajas significativas para la distribución internacional:

- **Acceso instantáneo**: Los lectores pueden adquirir y descargar libros desde cualquier parte del mundo.
- **Reducción de costes logísticos**: Se eliminan los gastos asociados al transporte físico y al almacenamiento.

Desafíos de la distribución digital

A pesar de sus ventajas, el mercado digital enfrenta retos importantes:

- **Barreras legales y de derechos**: Las licencias de uso y los derechos de distribución pueden variar significativamente entre países.
- **Acceso a bibliotecas digitales**: Las bibliotecas públicas han comenzado a integrar colecciones digitales, pero deben gestionar los términos de licencias con los editores para ofrecer contenido sin infringir la legislación.

Ejemplo: La participación en iniciativas como la Biblioteca Digital Europea permite integrar el patrimonio bibliográfico digital español en un marco accesible a nivel internacional.

3.6.5. Resumen de ideas clave

El desarrollo del libro en formato digital y las nuevas tecnologías representan una evolución fundamental para la industria editorial. La **Ley del Libro** establece un marco para regular y proteger estos formatos, garantizando tanto los derechos de los creadores como el acceso de los consumidores. Adaptarse a las oportunidades y desafíos del ámbito digital es esencial para asegurar el crecimiento sostenible del sector en un mercado globalizado.

3.7. Sanciones y penalizaciones por el incumplimiento de la ley del libro

La **Ley del Libro**, regula un sistema sancionador para garantizar el cumplimiento de las disposiciones relativas al precio fijo, depósito legal y otras obligaciones del sector editorial. Este marco busca mantener un equilibrio en el mercado y proteger los derechos de los consumidores.

3.7.1. Infracciones comunes

Incumplimiento del depósito legal

El incumplimiento de la obligación de realizar el depósito legal es considerado una infracción que afecta a la preservación del patrimonio cultural. Esto incluye:

- No entregar el número de ejemplares requeridos.
- No respetar los plazos establecidos para el depósito.

Alteración del precio fijo

Las infracciones relacionadas con el precio fijo incluyen:

- Venta de libros al público a un precio distinto al establecido.
- Uso del libro como reclamo comercial para la venta de otros productos.

Estas prácticas son consideradas graves, ya que perjudican la competitividad y la sostenibilidad de pequeñas librerías.

Falta de transparencia en contratos con autores

Los editores tienen la obligación de garantizar la claridad y precisión en los contratos con autores, incluyendo:

- Especificar las condiciones económicas.
- Asegurar la remuneración justa y oportuna. La falta de transparencia puede derivar en conflictos legales y sanciones administrativas.

3.7.2. Ejemplos de penalizaciones

Multas y retirada de libros del mercado

Las sanciones varían según la gravedad de la infracción:

- **Infracciones leves**:
  - Multas de 1.000 a 10.000 euros.
  - Amonestación privada.
- **Infracciones graves**:
  - Multas de 10.001 a 100.000 euros.
  - Amonestación pública con publicación en medios oficiales y coste a cargo del sancionado.

En casos extremos, puede ordenarse la retirada de libros del mercado hasta que se resuelva la infracción.

Casos de sanción

Caso ficticio: Una editorial vende libros con un descuento no permitido en una feria. La inspección detecta la práctica, y la empresa enfrenta una multa de 50.000 euros, además de la obligación de cesar inmediatamente la actividad promocional.

3.7.3. Resumen de ideas clave

El régimen sancionador de la Ley del Libro busca preservar el equilibrio en el sector editorial y garantizar el cumplimiento de las normativas esenciales. Las sanciones no solo protegen la diversidad cultural, sino que también fomentan la profesionalización y la transparencia en el mercado editorial. Este marco legal refuerza el compromiso de todos los agentes del sector con la ética y el respeto a los derechos culturales.

3.8. Resumen del capítulo y ejercicios prácticos

Este capítulo ha proporcionado una visión integral de la Ley del Libro, destacando su importancia para el sector editorial. A través de las preguntas y ejercicios prácticos, los estudiantes pueden consolidar su comprensión y aplicar las disposiciones legales en casos reales, preparándose para actuar de manera profesional y ética en su futura carrera.

3.8.1. Resumen de ideas clave

1. **Definición y Propósito de la Ley del Libro**:
   - Establece un marco normativo para proteger el libro como bien cultural.
   - Fomenta la lectura y asegura el acceso equitativo a los libros en formatos físicos y digitales.

2. **Aspectos Clave**:
   - **Depósito legal**: Obligación de preservar el patrimonio bibliográfico mediante el registro de ejemplares en los centros de conservación de la Administración General del Estado y de las Comunidades Autónomas.
   - **ISBN y código de barras**: Herramientas para la identificación, comercialización y distribución del libro.
   - **Precio fijo**: Regulación que garantiza la igualdad de precios para evitar la competencia desleal y proteger la diversidad de oferta.
   - **Sanciones**: Penalizaciones para infracciones como incumplimiento del precio fijo o falta de transparencia en contratos.

3. **Innovación Digital**:
   - Regulación de los libros electrónicos, protección frente a copias no autorizadas y adaptación de impuestos como el IVA reducido para fomentar su accesibilidad.

4. **Promoción de la Lectura y Papel de las Bibliotecas**:
   - Incentivos y campañas de fomento de la lectura.
   - Bibliotecas como espacios de acceso gratuito y preservación cultural.

3.8.2. Preguntas de reflexión

1. ¿Por qué es importante el precio fijo del libro para la sostenibilidad del sector editorial?

2. ¿Qué papel desempeñan las bibliotecas públicas en el fomento de la lectura y la preservación del patrimonio cultural?

3. ¿Qué medidas puede tomar una editorial para garantizar que cumple con el depósito legal y los derechos de autor en sus publicaciones?

4. ¿Cómo afectan las sanciones por incumplir la Ley del Libro a la reputación de una editorial?

3.8.3. Ejercicios prácticos

Caso ficticio: cumplimiento del precio fijo del libro

Contexto:

Una editorial lanza un nuevo libro y fija su precio en 20 euros. Sin embargo, una librería decide venderlo por 18 euros para atraer más clientes. Durante una inspección, se detecta la infracción.

Tareas:

1. Identifica qué normativa de la Ley del Libro se ha incumplido y por qué.

2. Describe las posibles sanciones que podrían aplicarse tanto a la editorial como a la librería.

3. Proporciona recomendaciones para evitar este tipo de infracciones en el futuro.

Análisis de un contrato editorial

Material proporcionado:

Un ejemplo de contrato editorial que incluye elementos relacionados con:

- Derechos de explotación.
- Remuneración del autor.
- Depósito legal.

Tareas:

1. Identifica los elementos que cumplen con la Ley del Libro y justifica su importancia.

2. Señala posibles deficiencias en el contrato y sugiere modificaciones para ajustarlo a la normativa.

3. Reflexiona sobre cómo el contrato protege tanto al autor como al editor en el marco legal establecido.

Capítulo 4:

Glosario de términos y referencias legales

4.1. Introducción al glosario y su importancia

El glosario y las referencias legales son herramientas fundamentales para consolidar el aprendizaje y servir como guía rápida en el estudio de conceptos clave de la propiedad intelectual, los derechos de autor y la legislación editorial. Este capítulo ofrece una visión sobre su objetivo, estructura y utilidad práctica.

4.1.1. Objetivo del glosario

El glosario tiene como finalidad:

1. **Facilitar la consulta de conceptos**:

• Permite a los estudiantes acceder rápidamente a definiciones claras y precisas de términos técnicos y legales.

• Ayuda a reforzar el conocimiento adquirido en los capítulos previos.

2. **Consolidar el aprendizaje:**

• Reúne los conceptos fundamentales para ofrecer un repaso eficiente antes de exámenes, proyectos o actividades prácticas.

• Proporciona un marco de referencia que los estudiantes pueden consultar en su futuro profesional.

3. **Relacionar términos con la legislación:**

• Incluye referencias directas a las leyes relevantes, como la **Ley 10/2007**, de lectura, libro y bibliotecas, y la **Ley de Propiedad Intelectual**.

• Facilita la comprensión de cómo los conceptos se aplican en un contexto legal real.

Ejemplo: Un estudiante que busca entender qué significa el "depósito legal" puede consultar el término en el glosario, donde encontrará una definición precisa, su objetivo y una referencia al artículo correspondiente de la Ley del Libro.

4.1.2. Metodología para consultar el glosario

El glosario está diseñado para ser fácil de usar, organizado de manera que los términos y referencias legales se localicen rápidamente.

Organización alfabetizada

- Los términos se presentan en orden alfabético.
- Cada entrada incluye una definición breve y, cuando corresponde, una referencia legal específica.

Ejemplo: **Depósito Legal**: Obligación de las editoriales de entregar ejemplares de sus publicaciones a instituciones designadas para preservar el patrimonio bibliográfico (Artículo 9, Ley 10/2007).

Organización por categorías

- Alternativamente, los términos pueden agruparse en categorías temáticas, como:
  - **Propiedad Intelectual**: Derechos de autor, derechos conexos, obras protegidas.
  - **Regulación Editorial**: Depósito legal, precio fijo, ISBN.
  - **Formatos y Tecnologías**: Libro digital, DRM, bibliotecas digitales.

Esta estructura facilita la consulta cuando se buscan términos relacionados con un área específica.

Ejemplo: En la categoría **Propiedad Intelectual**, los estudiantes encontrarán definiciones de términos como "derechos patrimoniales" y "derechos morales", junto con sus implicaciones legales.

4.1.3. Resumen de ideas clave

El glosario y las referencias legales actúan como una herramienta esencial para consolidar el conocimiento, proporcionando a los estudiantes una base sólida para su formación profesional. Su diseño estructurado permite una consulta rápida y eficiente, convirtiéndose en un recurso práctico tanto para el estudio como para su futura aplicación en el ámbito editorial.

4.2. Glosario de términos clave

A continuación, se presenta un glosario de términos clave relacionados con la propiedad intelectual, los derechos de autor y la legislación editorial. Cada término incluye una definición breve para facilitar su consulta y comprensión.

AUTORÍA: Persona o entidad creadora de una obra literaria, artística o científica. Los derechos asociados garantizan el reconocimiento y la protección de la obra.

CESIÓN DE DERECHOS: Transferencia de los derechos patrimoniales de una obra a un tercero, de manera exclusiva o no exclusiva, por tiempo limitado o indefinido.

CREATIVE COMMONS: Sistema de licencias que permite a los autores establecer condiciones específicas de uso de sus obras para facilitar su distribución y acceso.

DERECHOS DE AUTOR: Derechos que protegen las obras originales de creación literaria, artística y científica, otorgando a los autores control sobre su explotación y reconocimiento.

DERECHOS CONEXOS: Derechos que protegen a quienes colaboran en la difusión de obras, como intérpretes, productores de fonogramas y organismos de radiodifusión.

DERECHOS MORALES: Derechos inalienables del autor, como el reconocimiento de la autoría y el respeto a la integridad de la obra. Estos derechos son perpetuos y no pueden transferirse.

Derechos Patrimoniales: Derechos que permiten al autor o titular de la obra obtener beneficios económicos de su explotación, como la reproducción y distribución.

Dominio Público: Estado de las obras cuyos derechos patrimoniales han expirado, permitiendo su uso libre sin autorización previa, respetando los derechos morales.

DRM (Digital Rights Management): Tecnología utilizada para proteger los derechos de autor en obras digitales mediante el control de copia, distribución y acceso.

ISBN (International Standard Book Number): Número único que identifica de forma precisa cada edición de un libro, facilitando su catalogación y comercialización.

Ley del Libro: Legislación específica (Ley 10/2007, de 22 de junio) que regula la industria editorial, fomentando la lectura y protegiendo a autores y editores.

Licencia de Uso: Permiso otorgado por el titular de los derechos para utilizar una obra bajo condiciones específicas, como el ámbito territorial o la duración.

Obra Derivada: Obra basada en una original, como traducciones, adaptaciones teatrales o cinematográficas.

Precio Fijo del Libro: Política que establece un precio único para cada libro en todos los puntos de venta, fomentando la equidad y la sostenibilidad del sector.

Propiedad Intelectual: Conjunto de derechos que protegen las creaciones del intelecto humano, como obras literarias, marcas, patentes y diseños.

Publicación: Proceso de producción y difusión de una obra literaria, artística o científica para ponerla a disposición del público.

Reserva de Derechos: Expresión utilizada para indicar que una obra está protegida por derechos de autor y no puede ser utilizada sin autorización.

Transformación de la Obra: Derecho del autor a controlar las modificaciones realizadas a su obra, como adaptaciones, traducciones o versiones ilustradas.

4.3. Referencias legales principales

A continuación, se presenta una lista de las leyes y tratados fundamentales que regulan la propiedad intelectual y el ámbito editorial, acompañadas de una breve descripción y su relevancia en el contexto editorial.

Estas referencias legales nacionales e internacionales proporcionan a los estudiantes una base sólida para entender el marco normativo que rige la industria editorial. Familiarizarse con estas leyes y tratados permitirá a los futuros profesionales abordar proyectos editoriales de manera ética, legal y competitiva en un mercado globalizado.

Ley de propiedad intelectual de españa

- **Resumen**: Regula los derechos de autor y derechos conexos en España, protegiendo a los creadores de obras literarias, artísticas y científicas.
- **Aplicación en editoriales**: Proporciona el marco legal para gestionar la cesión de derechos de autor, asegurar la remuneración justa de los creadores y respetar los derechos morales y patrimoniales en el proceso editorial.

Ley del Libro

- **Resumen**: Legislación española (Ley 10/2007, de 22 de junio) que regula la industria editorial, establece el precio fijo del libro y define los derechos y deberes de los agentes editoriales.

- **Impacto en la industria**: Influye en la fijación de precios, la promoción de la lectura y la preservación del patrimonio bibliográfico mediante el depósito legal.

Convenio de Berna para la protección de las obras literarias y artísticas

- **Resumen**: Tratado internacional que garantiza la protección de los derechos de autor en todos los países firmantes, sin necesidad de cumplir con formalidades específicas.

- **Relevancia para el sector editorial**: Asegura que las obras de autores españoles estén protegidas en el extranjero y viceversa, facilitando la exportación y adaptación de libros a otros mercados.

Acuerdo sobre los Aspectos de los Derechos de Propiedad Intelectual relacionados con el Comercio (ADPIC)

- **Resumen**: Acuerdo internacional bajo la OMC que establece normas mínimas de protección de la propiedad intelectual, incluyendo los derechos de autor.

- **Aplicación en editoriales**: Es crucial para la exportación y comercialización de libros y otros productos culturales, asegurando una protección uniforme en mercados internacionales.

Directiva europea sobre los derechos de autor en el mercado único digital

- **Resumen**: Directiva de la Unión Europea que adapta los derechos de autor a la era digital, protegiendo las obras en internet.
- **Implicaciones para editoriales y plataformas digitales**: Regula la distribución y protección de contenidos en plataformas digitales, asegurando que los autores reciban una compensación justa por el uso de sus obras en línea.

Tratado de la OMPI sobre derecho de autor (WCT)

- **Resumen**: Tratado internacional que amplía la protección de los derechos de autor a obras digitales y multimedia.
- **Relevancia para la industria editorial**: Es especialmente importante para la publicación y protección de e-books y contenidos digitales frente a usos no autorizados.

Tratado sobre interpretación o ejecución y fonogramas (WPPT)

- **Resumen**: Tratado que protege los derechos de los intérpretes y productores de fonogramas, ampliando la regulación de derechos conexos.
- **Aplicación en el sector editorial**: Es relevante para editoriales que producen audiolibros o libros multimedia, garantizando la protección de los elementos sonoros.

Código internacional de nomenclatura para publicaciones electrónicas

- **Resumen**: Normativa que regula las reglas de nomenclatura, citación y referencias en publicaciones electrónicas.

- **Aplicación en editoriales digitales**: Facilita la edición y catalogación de e-books y publicaciones en plataformas digitales, asegurando su reconocimiento internacional.

4.4. Conclusión

El glosario y las referencias legales incluidas en este capítulo son herramientas esenciales para comprender y aplicar correctamente los conceptos fundamentales de propiedad intelectual y legislación editorial en la práctica profesional. Además, su utilidad trasciende el ámbito académico, proporcionando una base sólida para abordar los retos legales y éticos en el sector editorial.

4.4.1. Consejos para ampliar el conocimiento legal

1. **Mantenerse Actualizado**:

    - La legislación en propiedad intelectual está en constante evolución, especialmente en un entorno digital que plantea nuevos retos y oportunidades. Es importante que los profesionales del sector revisen periódicamente las actualizaciones en leyes y tratados.

2. **Participar en Formación Continua**:

   • Asistir a cursos, seminarios y talleres sobre legislación editorial, derechos de autor y tecnología digital aplicable al sector.

   • Seguir a organizaciones y publicaciones especializadas en propiedad intelectual y legislación editorial.

3. **Consultar a Expertos Legales**:

   • En casos complejos, es recomendable acudir a abogados especializados en propiedad intelectual para garantizar el cumplimiento normativo y evitar conflictos legales.

4. **Explorar Recursos Complementarios**:

   • Revisar guías prácticas, estudios de caso y bibliografía especializada para profundizar en temas específicos relacionados con la gestión editorial.